知识生产的原创基地
BASE FOR ORIGINAL CREATIVE CONTENT

颉腾商业
JIE TENG BUSINESS

U型领导力

穿越危机曲线

［美］加里·伯尼森（Gary Burnison）◎著

孟辉◎译

LEADERSHIP U
ACCELERATING THROUGH
THE CRISIS CURVE

中国广播影视出版社

图书在版编目（CIP）数据

U型领导力：穿越危机曲线 /（美）加里·伯尼森著；孟辉译. -- 北京：中国广播影视出版社，2023.6
ISBN 978-7-5043-9008-0

Ⅰ. ①U… Ⅱ. ①加… ②孟… Ⅲ. ①企业领导学 Ⅳ. ①F272.91

中国国家版本馆CIP数据核字(2023)第075861号

Title: Leadership U: Accelerating Through the Crisis Curve
By: Gary Burnison
Copyright © 2020 by Korn Ferry. All rights reserved.
This translation published under license. Authorized translation from the English language edition, published by John Wiley & Sons. No part of this book may be reproduced in any form without the written permission of the original copyrights holder.
北京市版权局著作权合同登记号 图字：01-2023-1332 号

U型领导力

[美]加里·伯尼森　著
孟　辉　译

策　　划	颉腾文化
责任编辑	余潜飞　邢秋萍
责任校对	龚　晨

出版发行	中国广播影视出版社
电　　话	010-86093580　010-86093583
社　　址	北京市西城区真武庙二条9号
邮　　编	100045
网　　址	www.crtp.com.cn
电子信箱	crtp8@sina.com

经　　销	全国各地新华书店
印　　刷	涿州市京南印刷厂

开　　本	650毫米×910毫米　1/16
字　　数	112（千）字
印　　张	9
版　　次	2023年6月第1版　2023年6月第1次印刷

书　　号	ISBN 978-7-5043-9008-0
定　　价	65.00元

（版权所有　翻印必究·印装有误　负责调换）

FOREWORD
推荐序

收到加里·伯尼森（Gary Burnison）英文版新书 *Leadership U* 后的那个周六，我一口气读完，禁不住长时、深深感慨书中所展示的领导力智慧。很高兴看见中文版译本《U 型领导力》的面世，作为光辉国际的一员，我非常荣幸受颉腾文化邀请为中文译本作序。

加里是全球领先的高端人才和组织咨询公司——光辉国际（Korn Ferry）的首席执行官。从首席财务官转型成为纽交所上市公司的首席执行官，丰富的跨国企业管理经验和为众多世界领先企业和领导者服务的经历，让加里积累了超凡的领导力实践成果和卓越的管理洞察。

在《U 型领导力》一书中，他分享了自己多年的领导经验和管理智慧，并结合光辉国际在领导力发展领域的方法论研究和实践积累，提出了一系列关于在新时代如何提升领导力的实用建议。

加里从"预见、导航、沟通、倾听、学习和领导"六个维度分享和阐述了一位真正的领导者，在面对当下不确定和复杂多变环境的挑战时，如何拨雾见路，带领团队勇往直前，并随时因内外部变化而调整方向，提高团队凝聚力，激发团队潜力，推动组织达成卓越成就。

对于想成为更好的领导者的读者来说，《U型领导力》是一本富有启发性和实操性的著作。加里向读者分享了许多实用的领导力技巧和方法。例如，他讲述了如何利用故事来加强沟通效能和建立团队信心，如何以身作则，如何用右脑的情感技能来提升领导力影响，如何自我持续学习和帮助他人学习并获得成功等。同时，加里也无私分享了自己在面对挑战时的应对策略和思考方式，这些都是对现代领导者具有重要启示意义的内容。

在当今科技发展日新月异和全球产业竞争加剧的大背景下，领导力已经成为个人职业发展和企业组织成功的最关键因素之一。读者通过阅读《U型领导力》一书，不仅可以学习到一位杰出领导者成长的心路历程，更可以从中获取高阶领导力方面的知识和智慧，为自己未来的领导之路打下坚实的基础。本书所讲述的六维领导力实践框架和经验总结，不局限于特定行业或职业，对于每一位想要提升领导力的人来说都是富有洞见与启发性的。我强烈推荐这本书，并希望读者能够从中获得灵感和帮助。

陈兆丰

光辉国际大中华区总裁

2023年5月8日

CONTENTS
目录

引言

有目标地领导他人	005
从"我"向"我们"转变	006
领导力实战：六维领导力	007
不平坦之路，坦然面对	008
什么造就了优秀的领导者？	010
你看到了什么？	011
优势与劣势	011
职业发展的六个阶段	014
右脑规则	016

第一章 预见

未来将发生什么？	020
四大必要条件——全部具备，方能预见	021
脆弱的领导者能够激发整个组织的求知欲	024
从把握现在开始	025
不要一味盲从	026
自下而上地进行预见	027
构建一流的观察文化	028
训练预见能力	031
你所看到的有何意义	032
"有可能完成"的任务	033

第二章　导航

实时校准方向	038
实时导航——把握合适的时间	040
留意一切！	041
有所计划，多加思考，总做决策	043
那一刻发生了什么	044
导航意味着承担责任	045
适时调整方向	047
危机响应	048
"急迫但耐心"是一种美德	049
不惧怕失败	049
"勇者不惧"	050
总有解决办法	052

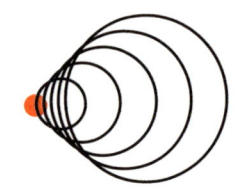

第三章　沟通

随时沟通	056
蝴蝶的海洋	056
你需要相信	060
领导力的生命力在于沟通	061
说与做的比例	063
丢弃PPT演示文稿	064
借鉴"原声摘要"	065
人们想要真相	066
没有捷径可走	067
不使用主语"我"	067
请其他人加入	068
用"右脑"说话	069
前进过程中的每一步都值得庆祝	070
指数型激励因子	072

第四章　倾听

听听那些你不想听的	076
未来，工作将怎样完成	078
这是一个信任问题	079
拿掉"STOP"标牌	083
紧急VS重要	083
既要由内向外地听，也要由外向内地听	084
倾听需要情商	086
如果没有同理心	087
做自省的倾听者	089
什么让倾听如此之难？	091
倾听时的心态	092

第五章　学习

持续学习	096
学习敏锐度	097
预测成功的1号指标	099
学习敏锐度的五个方面	100
走好下一步需要敏锐度	101
帮助他人学习——并获得成功	102
拉里：一个警示故事	104
永不满足的求知欲	106
学习是接受不完美	107
这不是失败，这是学习	108
学习能避免"听天由命式领导"	110
钱、生物学、心理学	110

第六章　领导

你不是唯一一个站在木板上的人	118
全面负责，时刻挂心	119
需要如气泡般冒出的集体智慧，而非乌龟翻肚皮式的困顿	120
一切都会好起来的	121
时势艰难之时……	122
领导者不可以有"灰暗的一天"	124
灰暗时日里，是谁激励着你？	125
是多数人而非少数人的管家	126
领导者从来不说"别投偏"	129
把潜能与机会作为"遗产"传承	129
调整风帆	131

INTRODUCTION
引 言

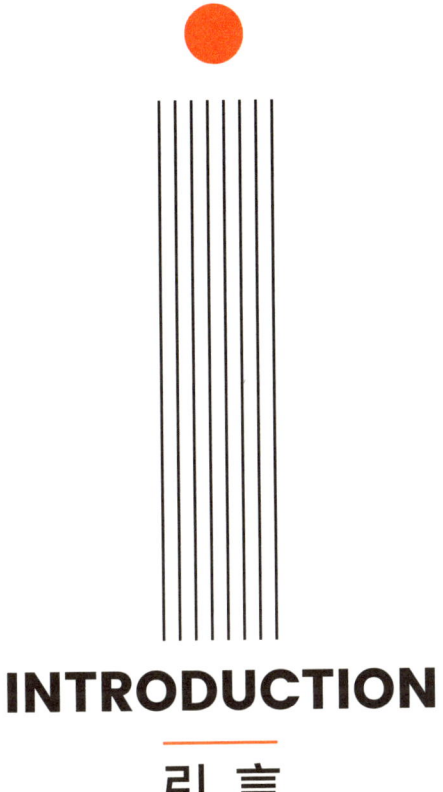

前不久我和我妻子莱斯莉去超市购物,结账时我们排在一位老妇人后面。她的推车里很空,除了6罐浦氏牌蔬菜通心粉浓汤罐头外没有别的商品。

轮到她交钱时,收银员说:"不好意思,这款商品是限购的,您最多只能买4罐。"

我们都听见了收银员的话,莱斯莉当即大声说:"没事没事,我来替她买另外两罐。"

排在我们后面的一位男士也紧跟着说:"加我一个,我也买4罐送她。"

莱斯莉转向老妇人,指着她那辆几乎全空的推车问:"您还需要别的东西吗?我们可以帮您。"

我们很快就召集了几个想帮忙的人。走到纸制品通道时,一位顾客正把货架上最后两提卫生纸放到推车上。

"请问能分一提给我们吗?"莱斯莉问道。

"抱歉啊,我家里正好缺这个。"

"不是我们要,"莱斯莉说着,指了指站在通道一头的老妇人,"是给她买的。"

"哦,当然可以,"那位顾客立刻把卫生纸从推车上拎起来递给我们,"两提都拿去吧,我家里的还够用。"

新冠疫情期间,这样的故事——个人利益让位于共同利益的故事——在世界各地不断上演着。

共同利益观的产生,需要领导者具备强大的追随力。试想一位全力爬山的领导者,冲到半山腰时发现自己竟然是孤身一人,谁会愿意身陷如此境地呢?追随力需要在情感联结的基础上产生,而这种情感联结是在一次次真实且充满人情味的互动中——尤其是遭遇危机时——形成的。为此,领导者必须尽力设身处地地与他人共情。相较于领导者取得了哪些成就,如何放权并赋予员工能动性才是最重要的。

本书写作期间,我的两位合作者丹·古格勒和特里西娅·克里萨弗利有一次提问说:"假定现在有人即将走上'领导者舞台',你有什么建议?"

我不假思索地回答:"领导力始于你,但并不是关于你。"

欢迎大家了解"U型领导力"。

有的工作独立完成即可,比如雕塑家,总是独自在工作室凿切大理石或者用黏土塑形。但领导者不是雕塑家,自然不能只唱独角戏。尽管过去的几十年间技术不断进步,但员工仍需站在领导者的肩膀上才能达成组织的各项目标。

要想启发和激励员工,领导者必须具备高情商和优秀的人际交往能力。这与更多其他特质一起构成了领导力——始于你,但并不是关于你。

——— 并不是关于你…… ———

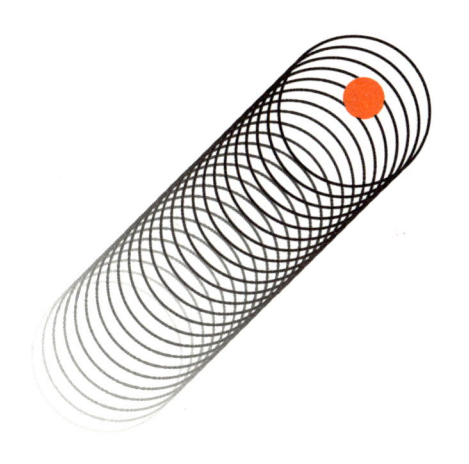

有目标地领导他人

领导力的全部内容是他人——激发他们的信念，再将信念转变成现实。带着明确的目标去激发他们，而这个目标，可以最恰当也最简单地解释为"一个组织为什么存在"。

了解这个"为什么"对于将个人利益观转变为共同利益观至关重要。迈出第一步前必须先树立目标。

一旦理解了目标，人们就愿意归属于集体。强烈的使命感使他们更倾向于在行动上与组织的任务及目标保持一致。他们会朝同一个方向"划船"直至抵达终点，而这正是加速穿越危机曲线时需要的。

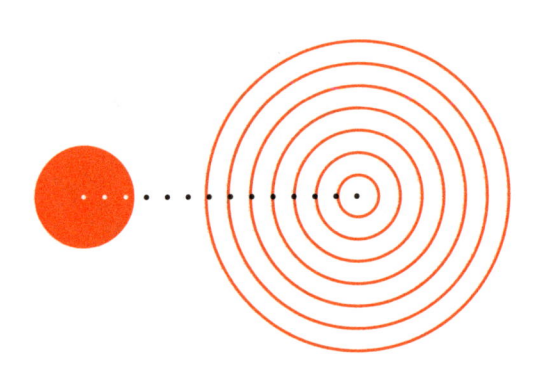

从"我"向"我们"转变

目标也会带来从"我"到"我们"的转变。现实中,成千上万个员工每天要做出数百个工作决策。领导者不论客观上还是主观上都不可能时时加以监管。领导者的职责,更确切地说,是画出一左一右两条"醒目的线"——作为员工做决策时不能逾越的边界——以及锚定组织的目标,而后者最为重要。员工必须带着目标投入工作。

终点处是组织的愿景:等目标实现时它将呈现出的样貌。目标和愿景共同构成领导力的基础。

作为领导者,你必须体现组织目标。这非常重要,它是你做一切事情的基础。员工也务必理解你在一言一行中体现出的目标。

以目标为导向,你就能带领他人不断前进:从"我们曾经怎样"到"我们将来会怎样"。

领导力实战：六维领导力

领导者设定的路线通向改变与可能，这通常是抽象的情感上的，有时也会产生真正的令人惊讶的变化。领导力就像一段旅程，将人们从一个"地方"运送到另一个"地方"，鼓励他们对自己充满信心——相信自己确实可以到达一个遥远的目的地。

无论是繁荣时期还是艰难时期，要想将上述付诸实现就需要构建起一个体系，即六维领导力——这也是本书的核心所在。

1. **预见** ——预测未来
2. **导航** ——实时校准方向
3. **沟通** ——随时随地
4. **倾听** ——尤其是那些不想听的
5. **学习** ——失败得快，学得更快
6. **领导** ——全面负责，时刻挂心

六维领导力是U型领导力的核心内容。它有几层含义。最容易想到的无疑是作为单词"you"（注：意为"你"）简写的"U"——始于"U"，但并不是关于"U"，这一有关领导力的说法已被大家所熟知。

"U"也勾画出了从衰退或危机中复苏的路径。这证明了六维领导力的重要性，它们是领导者在应对多种挑战、重大动荡以及急剧变化时最需要的技能。

另外,"U"也用来指代英文中的"大学"一词——"University",这自然让人联想到学习。最优秀的领导者,无论经验多么丰富、成就多么斐然,都是终身学习者。

在接下来的章节中,你将逐一了解领导力的这六个方面,但不要把它们想成是具有"即插即用"效果的行动指南。六维领导力并不是直接告诉你怎么做,而是引导你进行思考。

尽管这六个方面在本书中是分别阐述的,但实际上它们相互交织、相互关联——就如同四个车轮、一个车轴以及一个方向盘,虽然各自独立,却需要共同运转才能到达目的地。

不平坦之路,坦然面对

世界经历了一场大型疫情,而且直到现在其影响也未结束。首先,这是一场全球健康危机,意味着确保生命安全才是重中之重。但与此同时,领导者们也务必需要设法保住企业和品牌以待未来。随着危机不断加深,这往往需要在一系列痛苦的决定中实时权衡,从而做出相对"最不痛苦"的决择。

当今世界，不明朗性和不确定性进一步加剧，形势异常严峻。要做好企业，领导者必须坦然面对一路上的不平坦。一扇门关闭时，你决不能呆站原地眼睁睁看着。是起身还是放弃，普通人可以从中择其一。但如果你是领导者，你反而别无选择。你唯一能做的，是去打开另一扇门。

未来两年，我们将看到比过去二十年间更大的改变。这种改变必须从组织内部自下而上"涌现"，而不是自上而下发生。这里再提醒一次：这并不是关于你。

...... 但始于你

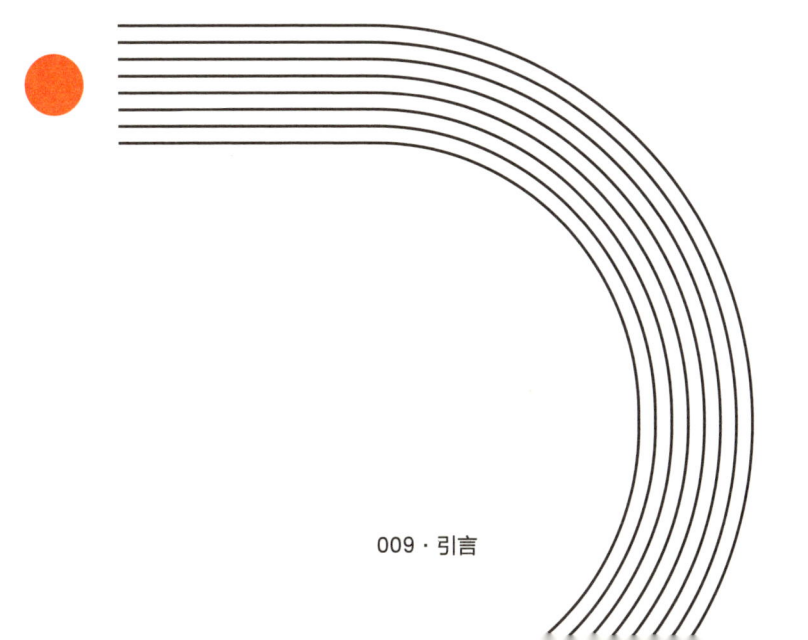

什么造就了优秀的领导者？

在光辉国际咨询公司，迄今为止我们已做过 6900 万次高层管理者评估，因此我们非常了解是什么造就了优秀的领导者——那些位于前 20% 的一流领导者。根据我们的研究，优秀首席执行官通常具备的四项品质中，有三项主要凭借直觉：第一项，有远见懂战略；第二项，抓增长；第三项，有财务头脑。而第四项，有效应对危机，多数时候都无人提及。在没有危机来袭的安稳时期，这一品质常常被轻视、被忽略，甚至不被列为必要条件之一。

在任何企业或组织中，第一项和第二项之间的差距并非一成不变。只有先改善自己，才能进一步改善组织和他人。而改善自己，需要从保持谦虚以及提升自我意识开始做起。

一个人如果不谦虚，可能就没有正确的自我意识。没有自我意识，就永远不能学习、成长或者提高。高估自己的优势而无视自己的盲点，这种自我蒙蔽的代价很高。相较于自我意识清晰的人，夸大自己能力的人"脱轨"的可能性要比前者高出 6.2 倍。只有你愿意坦诚地看向镜子中的自己时，你才能鼓舞和激励他人。

你看到了什么?

你不能终其一生都认为自己是这样,而事实上你是那样。同样地,当你……怎么说呢,与雄狮完全不同时,你不能假装自己是头雄狮。

优势与劣势

如果你想分析一下自己的优势和劣势,按照下面四个维度来进行较为方便。光辉国际将人才的四个维度定义为:

特质
行为举止
天性
才能

能力
精通的方面

驱动因素
动机
价值观
自认为重要的那些东西

经验
已取得的所有成就

以上四个维度既可以显示你擅长的方面,也可以暴露那些可能导致你"脱轨"的盲点。

第一个维度围绕特质——天性如何以及有何才能。特质会影响一个人的行为举止。它包括性格特征和智力水平两大方面。特质可具体体现在适应能力、自信心、求知欲、专注度、成就需求、坚持精神、风险承受能力以及模糊性容忍度等方面。

一些决定性的生活经历也会影响人的性格与行为。我至今都还记得我十岁那年发生的一件事。那天很冷,在下午两点半左右时,外面正下着大雨,有一辆巨型卡车停在了我家前面。随后卡车的后门打开,装卸用的活动坡道也放了下来,有两个人朝房门口走过来。我看着他们,又看看卡车,心想:我们是要搬家吗?这时我的父亲走到我身边,眼里含着泪。他说:"儿子,我们会好起来的。"那天我眼看着屋里的家具一件件被抬出了门,原因是我父亲破产了,所有的财物都要被收回。

这件事对我后来的工作理念有很大影响,也成为我追求成功的动力。我还学会了抱有同情之心和同理之心——如何设身处地为他人着想,理解他们的恐惧,并帮助他们不断前进。除了以上这些,我也从中获得了一些教训,这是我在思考生活中其他影响我的人和事时发现的。

我叔叔成长于大萧条时期,二战时又曾在军中服役,所以节俭的观念在他头脑里根深蒂固。不论什么东西他都舍不得扔掉!以前我总喜欢在他家地下室里东翻西看——储物架上摆满了用过的福爵咖啡罐和装人造黄油的带盖塑料桶,每个上面都贴着标签,有的里面装着螺丝,有的里面装着螺帽螺栓,有的里面装着钉子……总之,里面装满了各种你能想到的东西。(有一个被藏在角落里没贴标签的咖啡罐,我叔叔在里面放了一些现金——以备不时之需。)那时我年纪还小,单纯觉得这就是一间放满了各种东西的"百宝屋"而已。而现在，我已经完全能理解并由衷地敬佩叔叔这间靠荧光灯照明的地下室所体现出的智慧：保护自己的财产、花钱时精打细算、从不浪费任何东西。

现在再想起并思考这两个故事，可以很好地解释我为何对金融保守主义持有强烈的偏好。举例来说，2019年年末，由于当时经济扩张的持续时间超过了正常周期，我判定此时恰是筹资（实际上我们并不需要这样做）并进行战略性收缩以提高效率的好时机。尽管公司在那个季度的业绩是成立以来同期最好的，我还是将自己的想法付诸了实施。如今回头看，当时绝对是做了个正确的决定，尤其是再将之后不久开始的新冠疫情考虑在内的话。当然，我不可能预见到流行病的发生。只能说，我在那之前就想到要为下一步做好准备，而随后采取的措施也反映出我潜在的一些个性特征。

四个维度中的第二个解释了驱动因素——是什么在激励你。我们公司早期的思想领袖之一、已故的戴维·麦克利兰指出，有三个激励因素会对职场行为产生最大影响。它们分别是：成就、权力、关系。

成就
个人层面上对胜任工作的渴望

关系
建立并维持关系

权力
在此背景下，指拥有直接或间接的影响力

当你有意识地发掘自己的内驱力时，它们就能体现在你每天所做的事情上。对驱动因素的认识越深刻，就越能清楚地了解激励团队各成员的动力是什么。

第三个维度是能力。就"能力"而言,最恰当的解释是它包括技能和才能。经验构成了第四个维度——指的是长期以来取得的各种成就。能力和经验共同决定了一个人做事的方式。

职业发展的六个阶段

第一阶段:追随者

一般说来,这个起步阶段是指走出大学校门后从事第一份专业工作的时期。追随者在按照别人的指导完成任务时,通常是以行动为导向,以任务为中心。如果不谙追随之道,便永远走不上领导之路。

第二阶段:合作者

很快就进入与他人合作的阶段。工作中你仍然以发挥技术能力为主,但随着与团队同事合作的增多,你也开始发展自己的人际交往能力。

第三阶段：指导者

当你首次担任团队领导或部门经理，需要向团队成员——也许只有一位——发出指示的时候，就是你运用人际技能的时候。此阶段的关键是你能否将需要完成的任务有效布置下去，而不是你亲自去完成。

第四阶段：管理者

随着管理的团队人数越来越多、要达成的目标越来越大，你的技能也越来越全面、越来越强大了。在这一阶段，你需要激励直接下属，也需要学习如何通过下达目标以及明示完成途径的方式对他们进行管理。

第五阶段：影响者

现在局面变得有趣了！在这个阶段，你从直接管理团队转变为影响更多人，尤其是那些不直接归你管理的下属。影响力是一项关键的领导技能，掌握了这项技能才能与组织内各部门的人员合作，尤其是那些不直接归你管理的员工。事实上，你甚至能影响到其他部门中与你同级或者比你高一级的管理者。

第六阶段：领导者

上升到这一级别后，放权给他人以及激励他人会占据你大量时间。作为领导者，你并不是直接告诉员工该做什么，而是告诉他们该思考什么。你的重中之重是激励员工，他们也会因此而变得更能干，甚至突破他们自己的想象。

右脑规则

对于自我意识,还有一个方面需要了解:你的左脑技能如何?你的右脑技能又如何?我来解释一下。

在职业生涯早期,你凭借着已掌握的专业技能获得了一个职位,这毫无疑问。这种可以保证你圆满完成分内工作的专业技能,我称之为"左脑技能",虽然这种技能对职业发展至关重要,但终究会变成"入场筹码"——也就是最基本的技能。可以说,和你处于同一个水平的其他任何人都拥有这些技能。所以作为领导者,你必须依靠你的"右脑"技能——能够影响他人、激励他人、鼓舞他人的人际领导力。

我工作后没多长时间就发现了这一点。凭借会计专业的教育背景,我大学毕业后就直接入职了毕马威会计师事务所(KPMG),并在咨询行业工作了多年。在与客户及同事沟通交流的过程中,我很快就认识到,尽管我的左脑技能——财务和会计方面的专业技能——为职业发展打下了坚实的基础,我仍然需要锻炼提高自己的人际交往技能。

多年后我加入了光辉国际,先是担任运营主管,后来升职为首席运营官,这期间我仍然离不开左脑技能,比如做战略性思考和风险管理等。但在担任首席执行官后,我对右脑技能的运用就超过了以往任何时候,我总是需要去激励和鼓舞他人,去乐观面对挑战,去熟悉并理解他人。我甚至改变了表达方式,"摒弃"了机械的PPT幻灯片式演示,更多地集中于说话时的语气、态度以及传递出的能量。

对所有领导者而言，不仅说出的内容重要，说话的方式也同样重要。股市迎来牛市时，人们会向领导者寻求肯定的验证。而股市陷入熊市，人们则向领导者寻求安心的保证。作为领导者，你一方面凭借强大的分析技能(左脑)制定战略——新常态下在商业世界做"什么"以及"如何"做，另一方面也需要运用右脑主导的人际领导力技能带给他人鼓舞、激励以及希望。尤其是在当下这个时代，右脑技能比以往任何时候都更重要。

如果你从此番论述中所获不多，希望你最起码认识了右脑规则。无论你的战略方面多出色，在财务方面多精明，如果没有右脑技能，领导力就会弱化。现在比以往任何时候都更需要利用右脑来进行领导。

几个世纪以来，人类通过科学和创新征服了许多事物，相信这次也必将成功。回顾过去我们看到，并不是火箭把人类带上月球，而是梦想家和工程师们；全球性的网络经济也不是由互联网创造，而是由革新者和发明家们。自古以来，"人"一直都是带来差异化的最关键因素。

要领导别人，你必须始终记住：这不是关于你！

第一章

预见

预 测 未 来

未来将发生什么？

我在位于美国中部的堪萨斯长大，至今仍记得那里的夏季，天气常常说变就变，前一瞬还是晴空万里，后一刻就气温骤降，一团团不祥的乌云在天边涌起。每逢此时，都不用等到第一声龙卷风警报拉响，我们就会迅速跑进地下室躲避。

当然，生活中大部分事情都不像天气变化这么易于看见或感知。它们有时虽也显露迹象，但都非常微妙，如同风向的小幅改变一样让人难以察觉。

要想预见未来并有所准备，必须先准确理解现在。

> **预见力**
> 在别人尚处懵懂之时，
> 超前勾画出未来的远景。
> 预见未来与下国际象棋有异曲同工之处：走一步想十步。

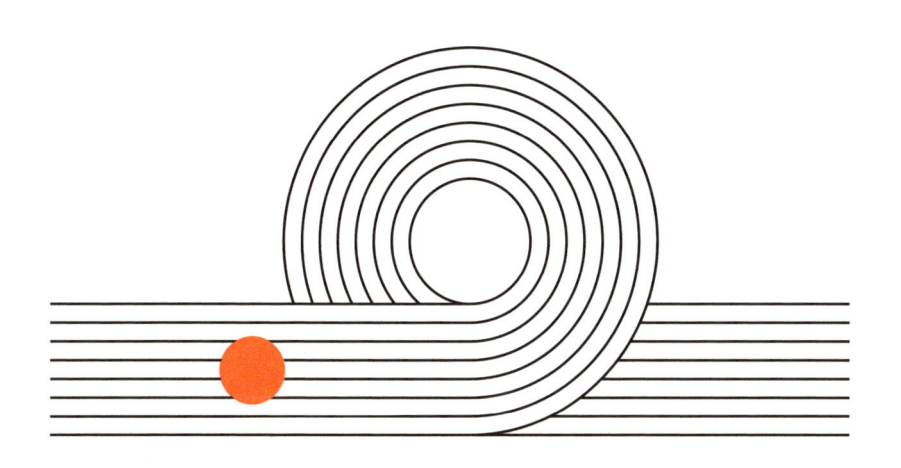

四大必要条件——全部具备，方能预见

有关领导力的所有论题均以"你"为起点，预见力也不例外。要想明见万里，你必须具备以下四个条件。缺少其中任何一个，都会导致你无法预测哪里藏有障碍，你不知道何时减速以及如何减速，自然也不能及时加速穿越危机曲线。

1. 学会谦逊

谦逊是一种修养，这种修养时刻都在悄声提醒"不是关于你"。不懂谦逊的人极易变得狂妄自大，他们常常自以为是，对别人的意见和想法不屑一顾。而怀有谦逊之心的人，绝不会和自负为伍。

2. 自知之明

不断衡量自己——既不要高估自己的长处，也不要低估自己的弱项。要想做到这一点，你务必先从外表上展现出谦逊有礼。谦逊与自知之明密切相关。没有自知之明的人无法看到自己的盲区。

每个人都有盲区，它们的存在常导致认知上的偏差，比如你觉得自己擅长这方面，但实际上你在另一方面才更胜一筹。

3.严防自满

颇具讽刺意味的是，自满往往是成功带来的意外后果。事情向前推进时，就好似曲子奏得正欢，那乐声震耳欲聋，很难分辨出谁走调了，谁能与节拍同步，谁在对嘴型假唱。等到音乐终于变得动听，人就很容易放松下来耽于安逸。然而这就是问题所在，因为此时的自我满足完全可能让你功亏一篑！领导者需要长期保持创业伊始时的那种心态，不断地预测和重塑。在这种思维模式下，领导者会反复追问自己："我的哪些做法会导致企业'破产'？"

4.记住：你只是一个"职务"

我刚工作时，同事们将我视为一个活生生的人，不仅把想法说给我听，表达意见时也毫无保留。但随着我升任首席执行官，这一切就发生了变化——我在他们眼里变成了一个"职务"。对所有领导者来说都是如此，而且职位越高，这种情形就越严重。当人们只把你看作一个"职务"时，他们就会有更多戒备之心。他们可能只告诉你小部分真实想法——而且还是他们认为你想听到的那部分。假如人们总对你隐瞒真相或直接撒谎，你自然难以看清现实。作为领导者，你的工作其实是让别人愿意并且毫无负担地告诉你真相。

> 学会谦逊。有自知之明。戒绝自满。了解这一事实：在别人眼里你只是一个'职务'。

脆弱的领导者能够激发整个组织的求知欲

担任首席执行官初期，我认为一位领导者要想称得上优秀，必须具备以下品质：极富远见、具备成长型思维、待人真诚、充满自信、魅力十足、有魄力等。

直到有一天，一位董事会成员私下对我说："伯尼逊，你可以表现得更脆弱一些。你试试，肯定会收获惊喜。"

我能理解保持谦逊的重要性。但为什么要表现出脆弱？如果要列举领导者必备的十大特质，我肯定不会给它一席之地。

但后来证明这位董事所言极是，放在当下则更意义非凡。脆弱反而为领导者带来了勇气，因为他们必须得承认，即便是在高管办公室，想预知明天的答案也是不可能的。

脆弱的领导者能激发整个组织的求知欲，继而创造出一种集体智慧。对员工来说，他们更应该通过主动思考获得启发，而不是被动地听从于命令。

仅仅几个月前，像"打破自我""彻底重塑"这样的词只是流行口号而已。没想到现在这个世界真的被打乱了，造成的附加损害已经影响到所有人。

无论哪里，"熔断机制"均已被触发。各企业为了存活不得不迅速做出决定。大重置的时机已到，任何一家想要兴旺发达的公司，都需要重新规划未来。

为了加速穿越危机曲线，拥有六维领导力——以预见力作为第一维度——比之前任何时候都重要。

从把握现在开始

不需要用水晶球进行预测。相反,你需要更深刻地理解此时此刻自己身边以及全世界正在发生的那些事。已故的领导力大师沃伦·本尼斯就曾告诉过我,要预知未来,必须以当下的现实为依据。

本尼斯是组织理论方面的权威,曾给四任美国总统以及多位首席执行官担任过顾问,在业内深受敬重。他还说过:"做预见没有任何神秘之处。首要一步就是关注现在,能够深入理解现实……要着眼于当下,而不是只想着预测未来。"

> **对此时此地的现状了解得越清楚,对下一个转弯处的推想就越准确。**

可以把第一步想象成即刻来一张"自拍":视角既要由外向内,也要由内向外。由外向内,主要关注外力带来的影响,包括客户、大趋势、竞争对手、产品创新等。由内向外,则关注内力,如领导者、员工、组织能力与一致性、基础设施、技术等。

还要记住一点：尽管预见可以系统地按步骤进行，但绝不可能被概括成科学定律。它既需要智力也需要直觉，而其中的关键是培养直觉。

不要一味盲从

下面这个故事，就是告诫我们要自己寻求真相，而不要轻易相信别人的说法。

冬天将至，一群居住在偏远地区的乡民开始准备取暖用的木柴。他们的头领虽然自认为将迎来一个寒冬，但也想向专家求证一下。他去了邻镇给国家气象局打电话询问，得到的答复与他的想法一致。于是乡民们决定收集更多木柴。

一周后，头领又给国家气象局打了电话，这次得到的预报有所改变：今冬会非常寒冷。显然乡民们得准备更多木柴。接下来的几周里，头领又打了三四次电话，每次得到的预报都比前一次更糟糕，这也意味着需要的木柴越来越多。

又一次打电话时，头领终于忍不住发问："您为什么觉得今年冬天会非常非常寒冷呢？"专家回答说："因为有乡民们正在大量储备木柴啊。"

这个故事的寓意是：不要一味盲从。要想预见未来，你需要靠自己去看清现实。

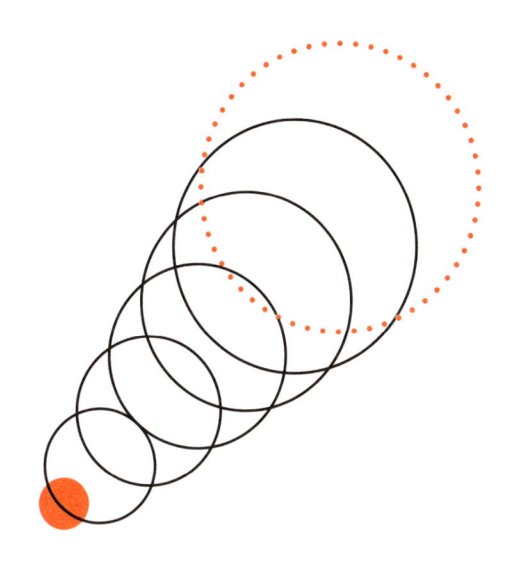

自下而上地进行预见

纵观预见的整个过程，90%都是自下而上，仅有10%是自上而下。进行预见时不要考虑职位的高低。去倾听所有员工的想法、感受、担忧以及经历，再以此为基础对企业做出全方位的盘点和梳理。

构建一流的观察文化

在整个组织内部构建一流的观察文化，对预见来说不可或缺。信息与见解也需要如气泡自下而上升起，而不是只像瀑布自上而下倾泻。

一个组织中的成员，不管处于哪个层级，都需要具备强大的观察力，能够更敏锐地感知客户的需求、捕捉对手的一举一动、洞察某一地区或某一国家的时势等。不要把这种文化理解成只是"鼓励"观察，应该把它看成一块能够显示企业力量的"肌肉"，必须不断加以锻炼。

员工必须主动从客户的视角向外看世界。不要只鼓励他们问"为什么"，也要让他们敢于问"为什么不"。离一线最近的人，往往有最宝贵的见解。有关于"将来会发生什么"的线索或答案极有可能就在今天的市场上。

> 把预见扩大为团队活动。
> 把打造一流的观察文化
> 贯穿至整个组织。

如果你特别重视反馈，别人就会提供。是仅仅能听取不同意见，还是能鼓励别人表达不同意见，完全取决于你。

集体智慧几乎不会产生在风平浪静的局面下。它需要"湍流"助推——尤其是试图预测接下来会发生什么时。这解释了为什么建设性冲突有益无害：它有助于做出预测。

遗憾的是，大部分领导者都会竭尽全力地避免冲突，即使知道这样会造成矛盾和愤懑的不断累积。当然，失控的冲突可能会造成破坏，这并不可取。建设性冲突却常常造就最好的想法。通过建设性冲突，团队内的一次次争论才能够充分发挥作用并引出更深刻的问题——"为什么做"以及"如何做"。

预测就是推动组织朝着大家尚不可见的未来前进。有效的预测需要广泛收集信息和资料：与客户、员工和股东保持联系。

你肯定听说过"走动式管理"这一用语。顾名思义，"走动式管理"指的是如闲逛般随意走到员工身边与之交流。不过，当你管理的是一家全球性企业时——暂且不考虑保持社交距离的需要以及已经非常普遍的远程办公——"到处走动"这个说法就必须被赋予新的含义了。

一种更新的版本是通过打电话和连线 Zoom 视频会议(或其他视频会议软件)进行管理，这些尤其适合临时决定。我习以为常的做法是随时拿起电话就打，各个级别的员工都有可能接到我的电话——这常常让他们心中一惊。在没有时间准备说辞的情况下，他们反而更坦诚更真实。对领导者来说，重要的不仅是倾听员工说什么，也要注意他们有时默不作声是出于什么原因。

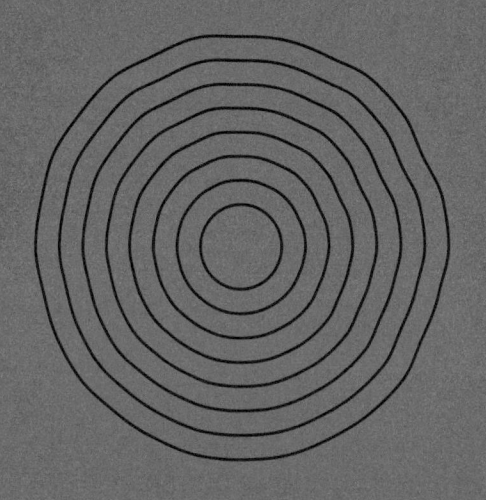

> 不平坦之路,坦然面对。如果不确定性大量存在,预测未来将会难上加难。

2020年初，我进一步增加了打电话的次数，每天要打50个电话。最首要的也最重要的，我想问候员工，了解他们和家人的近况。随后的谈话就主要围绕他们与客户交流的内容。通过电话联络，我得以直接了解数百个行业和数千位客户。而有了这些见解做基础，我就能对当前的形势究竟意味着什么做出推断。

训练预见能力

一旦员工能够主动去思考现实，领导者就可以带领他们迈向下一步：从"某件事今天意味着什么"进阶到"某件事明天可能意味着什么"。

记得几年前一次交谈时，沃伦·本尼斯向我推荐过一个可以在员工中进行的练习。方法简单易行：

"先让员工说一种自己熟知的体育项目，然后向他们提问。他们是否能预测自己最喜爱的队伍最终将拿到什么样的成绩？预测的依据是什么：是有优秀的替补队员吗，抑或由于教练很差劲，这个队伍将面临实力下降？他们打算考虑多少种可变因素？也许这个球队有第一顺位选秀权或者出色的梯队体系……这一练习的目的是让员工们从多个角度进行思考。可变因素有哪些？这些可变因素对我们又意味着什么？"

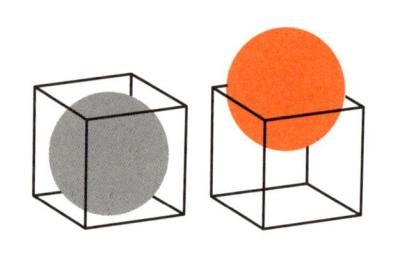

你所看到的有何意义

一旦你能看清现实,就到了一个关键时刻,而且也只有在这个关键时刻,你才能飞跃到下一步——推断现实的意义。你从仅仅看到"正在发生什么"进步到"这对未来意味着什么"。换句话说就是,根据现在所掌握的内容去推断结果——包括正面结果和负面结果。

务必运用蒙特卡罗模拟法来进行预测分析。这一用于预测模型的技术能帮助你模拟出一项投资决策或一次策略制定时可能涉及的所有风险。在所有的潜在结果可视化时,你自然可以做出更明智的决定。

可以这样想:制定战略如同打赌。掌握预测的技巧和方法可以提高你的胜算。

组织的成功取决于领导者在直觉和判断方面的准确性。领导者的看法和认识是建立在多年阅历的基础上,但也不要受其所囿。预测从现实开始,却最终超越了现实得以看见明天的样子。

机会总是青睐那些准备最充分的人——那些为了在萧条时期也能生存、兴旺,而在繁荣时期也不敢懒惰不敢放任的人。这就是预见的力量。

"有可能完成"的任务

发现秘密任务的地点总是在电话亭、自动售货机、停放的汽车里或其他不起眼的地方。录音磁带发布着详细的任务内容,说着"你的任务,如果你选择接受……",结尾是令人听了毛骨悚然的警告:一旦被捕,组织将声明对你所有的行动一无所知。随着一阵烟雾涌出,磁带在十秒内已经自毁。

以上是电视连续剧《虎胆妙算》*中的情节。作为一个在堪萨斯州长大的男孩,我曾经最喜欢的电视剧就是《虎胆妙算》。我喜欢伪装术和那些高科技小装置,以及一开始分辨不清谁是好人、谁是坏人带来的悬疑感。

接着闪回到今天。和其他所有领导者一样,我也面临着前所未有的无把握、不确定以及多变化,这些让每一天的工作都成为"不可能完成的任务"。一直以来,领导者不得不周期性地面对种种动荡和剧变,从世界大战到技术进步再到全球性流行病,每一件都可能改变我们的生活方式和工作方式。

记得在英国深陷脱欧困局的时候,我与前首相托尼·布莱尔有过一次两小时的长谈。我们讨论的主题非常广泛,涵盖了从全球化到地缘政治再到环境的方方面面。从那之后,在另一次私人谈话中,他强调了那个时代的独特性。

现在我们再次处在一个独特的时代。

应对当今现实这一重要任务已经到来,领导者凭借什么来接受任务呢?答案就在一项关键的领导技能里:预见力。

---

* 《虎胆妙算》其英文 Mission: Impossible 直译为"不可能的任务",著名的《碟中谍》系列电影是参考该剧翻拍的。——编者注

预见需要从当下现实开始，用已知去预测那极有可能已超越了人类眼界的未知。

幸运的是，领导者不必孤军奋战。就像《虎胆妙算》剧中一样，拯救世界的是一个团队，而作为领导者，你也必须依靠你的团队。最优秀的领导者，不管是掌管一个公司还是一个国家，都知道需要建立起一种能够创造和提拔一流观察者的组织文化，进而使预测成为一个人人参与的团体项目。

导航能力是即将在下一章讨论到的主题，是与预见相匹配的技能。导航者需要既客观又清晰地对实际情况进行观察并做出反应。

做好预测与做好导航都需要一流的机敏性。即便是最优秀的领导者，具备高敏捷性也能帮助他们进一步提升才智、增强战略能力。作为领导者，你必须调动所有感官，包括你的直觉。你不能仅仅依赖于已知事实，而是必须深入研究那些未知的——带着永不满足的好奇心，努力去理解"为什么"，同时也要问"为什么不"。你需要拓展并改变你的认知。表面上看起来难以逾越的障碍或者无法征服的挑战很可能是伪装的机会。

任务已发布而且看起来不太可能完成，接受？还是拒绝？虽然你确实有权力进行选择，但作为领导者，在磁带自动毁灭的十秒之前，你唯一的选择只能是"接受"。

> 不论是衰退时期还是增长时期，你要解决的关键问题始终是：这在未来意味着什么？

第二章

导航

实时校准方向

实时校准方向

我永远也忘不了第一次被海洋离岸流困住的可怕经历。记得那天从岸边朝大海望去时,只看到浪花翻滚,但并不猛烈。那时我年纪还小,又缺乏在海里游泳的经验,下水时完全没有料到会有一股看不见的暗流突然威胁到我。但游出去才不过十几米,我就感受到了激流那惊人的拉拽力。

我的第一反应是尽快尽全力游回岸边,但根本无济于事。我在下沉,而且越来越低。万分幸运的是,有一个比我年长的少年恰好在我附近。他抓住我一边肩膀冲我喊道:"你得朝相反方向游!"

我完全不理解为什么要朝远离海岸的方向游,但我太累了,除了跟在他后面也没有别的选择。等感到激流的抓力变小时,我们开始向平行于海滩的方向游,然后再斜着游回岸边。

等终于踩上沙滩,我一下子跪倒在地,精疲力尽。但我学到了一条宝贵的教训:要顺应水流的方向,而不是与之抗争。在设法脱离意外时,务必保持镇定、目标明确,这样方能及时修正方向回归安全。

> 实时导航——
> 主动、果断、机敏。

> 导航。
> 实时校准方向。一个决定现在看是好决定——但它不可能永远是好决定。

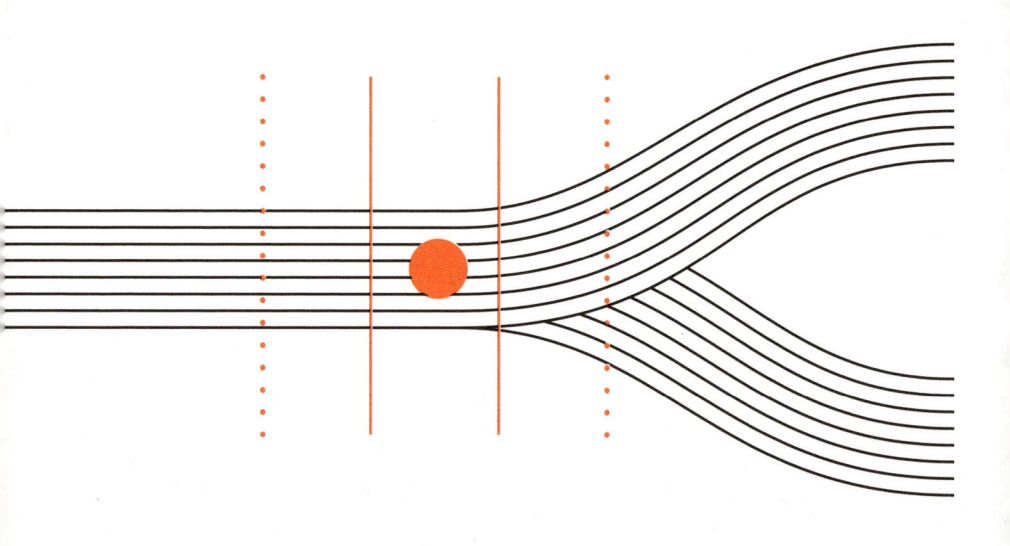

实时导航——把握合适的时间

导航和预见如同一对伙伴，它们一起为组织保驾护航，保证其平稳运行。

几年前，管理大师兼《一分钟经理人》(*The One Minute Manager*)的作者之一肯·布兰查德在和我的一次交谈中提到过导航和预见，他这样描述它们之间的对立：就像"目前的总裁"和"未来的总裁"——但领导者需要同时具备两者。

导航聚焦于当前发生的事情，并据此及时进行调整航向。仅在须臾之间，你就要机敏、主动而果断地做出决定。但把握当下的同时也绝不要忽略最终目标。这其实与冲浪的过程一样：将冲浪板划出并选择适合的浪。而当你冲上这道浪时，需要快速决定是站立起乘，还是先行放弃再去寻找更合适的浪区。

留意一切！

细微但重要的改变可能就发生在一瞬间,尤其在当今时代。要快速做出回应,你需要留意一切!

我对这一领导能力的深刻认识来自多年前去拜访一位亿万富翁的经历。他虽是亿万富翁,但一向有意保持低调。我们会面那年,他作为一名在电信领域取得了特别突出业绩的企业家,已经创造了巨大的财富,是当时的全球首富。

见面前一天,我和一位同事在一个非常偏僻的机场候机。经过一家靴子店时,我注意到摆在货架最上层的一双红色牛仔靴,颜色非常亮眼。"看,那双靴子可真棒!"我半开玩笑地说。

我们没有停步。同事随后说:"你先去登机口。我一会儿过去找你。"

等上了飞机,他拿出一个盒子。没错——就是那双牛仔靴。

第二天,就在我做好一切准备要在数百名商界领袖面前发言然后再去与这位亿万富翁会面时,我突然决定换上那双新靴子。要知道,红色靴子并不符合我平时的商务着装风格,但想到这样会让朋友兼同事非常自豪,就没有什么可犹豫的了。

我们走进亿万富翁的办公室时,看到屋里到处堆满了文件和书籍。他正坐在办公桌前翻阅一份厚厚的报告,对我们的到来明显有些心不在焉,也没怎么注意我们落座。

交谈持续了两个多小时,结束后我正准备起身道别,他突然冲我狡黠地咧嘴一笑,说:"所以,你的马在哪儿呢?"

在场的人都笑了。我看向朋友，只见他更是满面笑容——这无疑是对这份靴子厚礼最好的致谢方式了。

然而，真正令我惊奇的是，这位看起来除了面前的文件外什么都没有关注的亿万富翁竟然看到了我的红靴子。显然没有什么能逃过他的眼睛，这在很大程度上解释了他的成功之道。

有时候，你必须得关注小事！

> 如果火箭在发射时偏离几英寸，那它入轨后就会偏离数英里。要想保持正确的轨迹，方向与策略缺一不可。

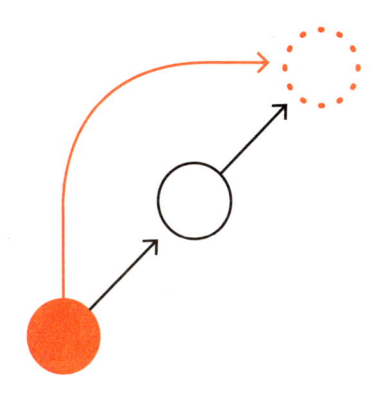

有所计划，多加思考，总做决策

导航既要确定方向,也要确定速度。对任何一位领导者来说,推动组织前进的速度不能超出其员工以及其内部文化可以耐受的极限。这是事实。

也可以换个角度,以发射火箭为例进行思考。如果最初发射轨迹就偏离了哪怕只有几英寸,那么火箭进入轨道后就会偏离几英里。要想一直保持轨迹正确,方向与策略缺一不可。

有一点毫无疑问:绝对不能忽视现实。如果你要执意一试,那真正不可避免的就是逃避现实的后果。"让我考虑一下"可能与"我们一直这样做"一样有害。没有决定仍然是一个决定——而且极可能是一个糟糕的决定。

缺乏决策会助长不确定性,造成组织瘫痪。你需要制定一个行动计划以及一系列对策——有针对A计划的B计划,也有针对B计划的C计划。

有所计划,多加思考,总做决策。

那一刻发生了什么

不久前我和家人在一次航班上的经历可以作为即时导航定向的最佳案例之一。那天我们搭乘的是从夏威夷飞往洛杉矶的航班。飞行员上飞机时，我们已经在座位上坐好了。只见这位飞行员穿着件短袖衬衫，领口的扣子没系，头发也有点长。他在飞行包上绑了一把吉他。"你打算弹什么？"我问他。

他笑着回答："迪伦的歌。"

我对他说："哦，我爱迪伦。"然后我扭头跟女儿说："坐这趟飞机肯定很有意思。"

飞行至航程中途时，虽然外面天空晴朗，也没有遭遇气流，但飞机突然做了一个紧急避让的动作——几秒钟内就向下俯冲了近两百米。这令人五内翻腾的几秒钟就像在失控的过山车上坐了一个小时，突如其来的下降让人恶心想吐。

飞机陡降过程中，一些乘客失声尖叫起来。等飞机恢复平稳，所有乘客和空乘的脸上都写满了惊惧。机舱里也陷入了怪异而可怕的安静，每个人都在等待接下来会发生什么。感觉像过了好几个小时后，广播里终于响起了声音。副机长用警方或军方的那种行话通报说——刚才另一架飞机突然出现在我们领空。我对我女儿说："你知道这是什么意思吗——我们几乎迎面撞上另一架飞机。"

然后饮料车出来服务了，大家就像开起了免费的狂欢派对。我前排的女士扔过来两瓶迷你装的杰克丹尼威士忌。到飞机降落时，大部分乘客已经忘记了太平洋上空的惊险经历。

快进到一周后：我在看电视新闻时，有一个片段介绍了一位英勇的飞行员，他成功避免了一场原本会是有史以来太平洋上空最致命的空中碰撞。我坐在那里，整个人震惊到目瞪口呆。就是我们乘坐的那趟飞机！英雄就是那位看起来优哉游哉、要弹奏迪伦歌曲的飞行员，他在须臾之间完成了导航——几乎是凭本能纠正了方向。

导航意味着承担责任

当意想不到的事情发生时，要带领组织朝着原本意想不到的方向前进，就必须有勇气去承担种种风险——尤其当你决定的方向与其他人的共同意见相悖时。你是领导，怎么抉择最终取决于你。但不管是成是败，你都应该乐于对自己的决定负责。

2020年3月上旬，甚至世卫组织还未正式宣布新冠肺炎全球大流行时，我就在认真权衡是否还要"提供指导"了——意思是不向分析师们提供有关下一季度收益的说明。当时，几乎没有哪家公司针对当前季度收益采取这种举措，更不用说全年了。

做最终决定前，有连续五天时间，我每天早上醒来时都怀着同样的想法：这显然是一场全球健康危机，但用不了多久就会演变成一场难以确定其长度、深度和广度的经济危机。鉴于未知过于庞大，我觉得我们公司不应该提供指导。不可知的因素实在是太多了。

每天在带着这种想法醒来后,我都会给我重视其意见的人逐个打电话。他们每个人都建议说:"你需要提供指导。"但除此之外,我也了解到他们在其他方面的一些看法。比如大约三分之一的人认为经济只是短期衰退且随后就会迅速反弹,大约三分之一的人没有明确看法,还有三分之一认为出现严重及长期衰退的可能性很大。他们未形成共识很能说明问题,也证实了我的直觉——局势正在发生变化,而且速度很快。

第五天,又一次带着同样感觉醒来时,我下定了决心:不,我们不提供指导。在随后召开的分析师电话会议上,尽管当季度我们的收益喜获历史新高,我还是委婉地表达了不再提供指导的决定。有人向我提问,请我谈谈这场危机将给公司以及公司客户带来什么影响。我据实回答说:我真的不知道。

曾经持反对意见的人士后来也表示完全赞同我这一决定。事后看来,这是正确之举。但当时当刻,一切责任都在我身上——也本应如此。

责任确实止于此。

> 无论成败,领导者都必须乐于对其决定负责。

适时调整方向

在负责整个组织时，领导者监管着整个"空域"——从地面到万米高空甚至更高处。一切都"尽收眼底"，并在你的掌握之中。什么情况什么时间需要调整方向取决于你对组织与形势的判断。

有一个历史性时刻很适合作为这方面的案例。1969年7月，宇航员尼尔·阿姆斯特朗和巴兹·奥尔德林成为首次登上月球的人类。按照设计，登月舱的整个降落过程并不需要手动操作，但就在即将着陆之时，阿姆斯特朗注意到原本的目标着陆点是在一个大坑边缘，而大坑四周全是巨石。他立即停用自动控制，通过手动操纵让鹰号登月舱实现了安全着陆。

"鹰号着陆了！"胜利的欢呼声响彻了整个国家。我记得当时我正骑行在堪萨斯州一个小镇的街上，忽然就听到四周响起巨大的欢呼声和鼓掌声。虽然那一刻大家并不知情，但正是阿姆斯特朗迅速决定改用手动控制，才及时阻止了一场灾难。多年之后，已经成为领导者的我还是会想起阿姆斯特朗当年的壮举——仅在瞬间就决定由自己把控局面，而每次想到这件事都对他更多一份由衷的欣赏和赞叹。

组织平稳运行时，你可以将更多权力下放给团队，让自己稳居上层空域远观整个组织及其战略执行。一旦形势变得严峻，你需要快速空降至"底层"。

危机响应

　　命令加控制并非解决问题的办法。集权式响应,方为正确!但最终,决定权和行动权务必交到"前线"人员手上。领导者愿意放弃控制权时,赋权才能落实。指明方向,设定界限,提供支持,然后退居场外。

"急迫但耐心"是一种美德

急躁无助于完成工作。它非但不能带来高效,反而引发了更多恐惧,也因此扼杀了批判性思维。曾经在透明薄冰上开过车并遭遇打滑的人会有同感:车子打滑时人的本能反应是猛踩刹车并向相反的方向急打方向盘,但实际上正确的做法恰恰相反,向打滑的方向转动方向盘才能控制车辆。做出这种有悖于直觉的处理,尤其需要清醒的头脑。

领导者需要"少用大棒,宽以待人"。急迫但耐心,对领导者来说是真正的美德。或者,借用古罗马皇帝奥古斯都的话,"Festina lente"——急事缓办。

重压之下仍优雅从容,方能化危机为机遇。

> "如果你从未失败过,那说明你可能从未试图去突破自己的潜能。"

不惧怕失败

我最喜欢的名言之一来自篮球传奇人物迈克尔·乔丹:"在我的职业生涯中,我未投中超过9000次。我输掉的比赛将近300场。我常被委以重任投出制胜球,但其中有26次未命中。我一生中曾一次一次又一次地遭遇失败。这就是我成功的原因。"

这恰好解释了不惧怕失败的含义。对我来说,从不失败才是失败。如果你从未失败过,那说明你可能从未试图去突破自己的潜能。

失败通常是短暂的;如同暴风雨来得快去得也快。所以何苦让自己被恐惧吓倒呢?你究竟在害怕什么?是无法容忍自己有可能会失败?真正要问自己的问题是,如果你能克服恐惧,你的组织可以实现哪些更大的成就或目标?如果你能激发团队以及整个组织的勇气,将会发生什么?如果其他人不认为失败就是终结,他们可能会变成怎样?

失败最重要的方面并不是遭受挫败或损失的那一刻,而是打击之后你做出应对的那一刻。这不叫失败——这叫学习。

"勇者不惧"

我家中办公室的墙上挂着一幅装裱在漂亮画框里的汉字书法印刷品——灰白背景上黑色的毛笔字——是几年前中国的同事们送给我的礼物。画框底部的一个黄铜小牌上刻着英语译文:"The courageous have no fear. —Confucius (551 B.C.) "[*]。这句话节选自一段较长的孔子名言:"仁者不忧;智者不惑;勇者不惧。"它表达了一种理想,是难以企及的高标准。它并非在谈论"不惧",而是在谈论"了解恐惧"。

---

[*] 勇者不惧——孔子,公元前551年。——译者注

"无论事情变得多么糟糕，
也终归会有解决办法。"

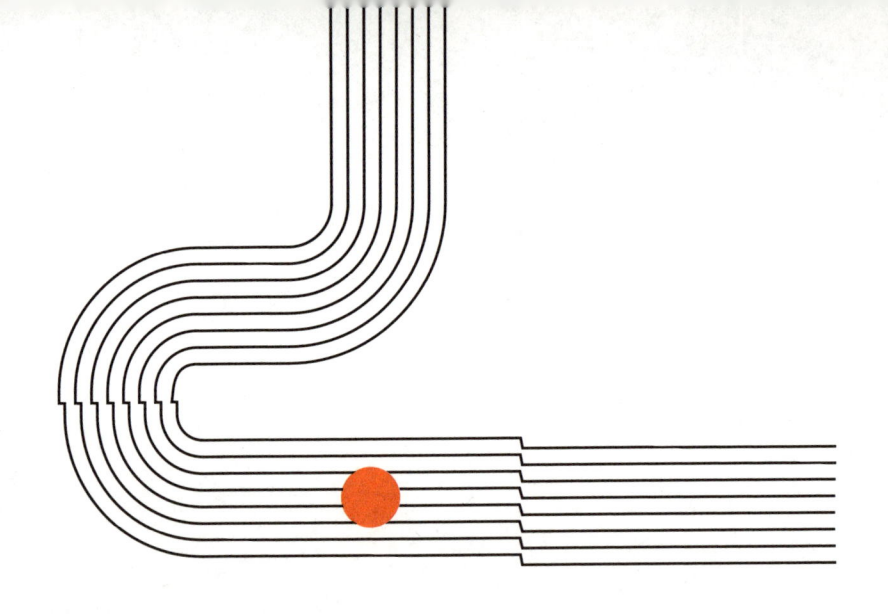

总有解决办法

作为领导者,在整个职业生涯中你会一次又一次地为组织导航,其中那些高光时刻大都会出现在危机时期。而在应对危机时,过往的历史往往可以提供解决问题的视角。

在我成长的过程中,父母和家里的其他长辈给我讲过大萧条时期他们的童年生活,也讲过第二次世界大战期间他们成长为年轻人后的种种经历——从军队服役到全国范围的战时配给制度。他们牺牲与舍弃的故事对我的生活以及工作理念都产生了深远的影响,而且影响并非只体现在这两方面。我学习到的还有,无论事情变得多么糟糕,总会有解决办法。

新冠疫情期间,我经常回想起在堪萨斯州的成长经历。我清楚地记得在寒冷的冬日里待在祖母家里时的情景:我站在热风炉的地面出风口旁边,把两只脚轮流放在两侧取暖,而祖母唱着她最喜欢的歌——《你永远不会独行》。这首歌表达了勇敢与坚韧不拔的精神,并相信所有的暴风雨都终将平息。

> 谁都不应该独自前行
> —— 尤其是你。

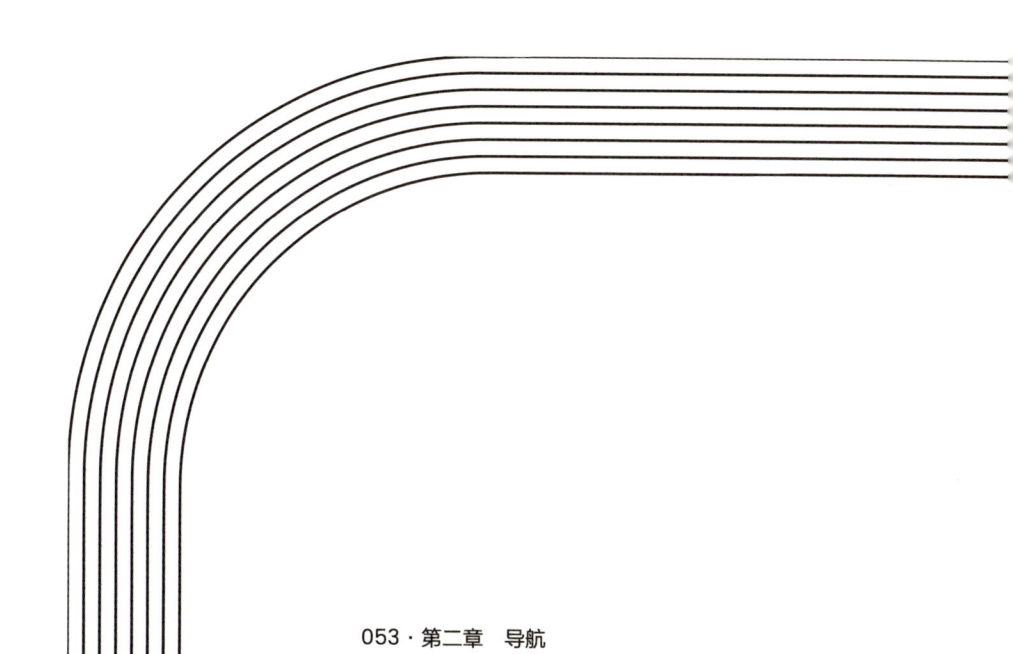

第三章
沟通

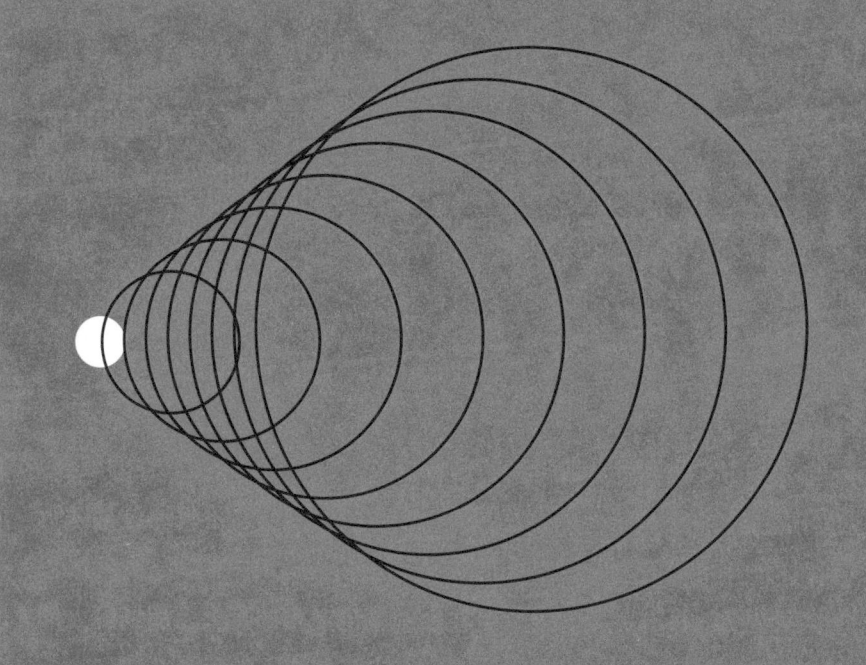

随 时 沟 通

随时沟通

领导者讲话时，有人会认真听吗？确保听众有效"收听"的最佳方法，是在表达中注入情感与个人特色。作为领导者，你是组织里的叙事大师。就像古代萨满教的萨满巫师能够让人们围聚在火堆旁听他分享智慧和知识一样，你也可以充分利用讲故事的力量。

蝴蝶的海洋

有一次，我想传达给听众的信息是，即便是遇到了毁灭性的破坏，也不能扼杀希望、阻止重生。但是如何说才能让听众不仅通过耳朵听到，还能用心感受到，对我是个挑战。就在开口的一瞬间，我突然想到一个故事，是有关几年前发生在加利福尼亚州的野火。那场野火摧毁了数百万英亩的土地和无数房屋，夺走了很多人的生命。

肆虐的野火逐渐逼近我居住的地方，威胁着数千人的生活，形势非常危险。一天深夜，空气中弥漫起了浓烟，附近的山丘上已经能看得到火焰，我蒙上一条头巾，走到外面拎起软管开始向房屋外墙喷水。在当时情形下这样做其实很蠢，而且完全没用，但我觉得不能坐以待毙。哪怕是假装，也要把控制权握在自己手里。

将近半夜时，我妻子冲我大声喊道："我们得离开这儿！"也就几秒钟后，我们收到了消防部门的撤离通知。几分钟后我们离开了家，只随身带了孩子们小时候的照片，因为这些是永远无可替代的回忆。

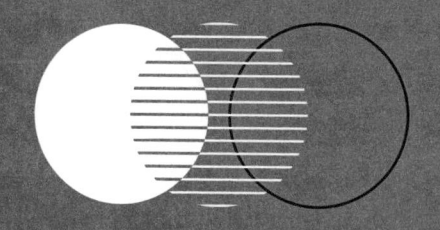

> 沟通。
> 不要只传递信息——建立起情感联结才能激励对方。
> 领导力的生命力在于沟通。
> 你不是在为自己发言，你代表的是他人。

结果，我们街区的许多房屋都烧成了废墟，只有几户（包括我们）由于风向改变而幸免于难。那天晚上，面对这场突如其来并迅速升级至危及生命的灾害，我们深深体会到什么是真正的无能为力。在疫情期间，我也常有这种感觉——尽管这两者之间程度不同。不过，无能为力并不是这次火灾故事的最终结局。

大雨终于来了！慢慢地，生活恢复如常。大自然生生不息、峡谷变绿了，曾经烧焦的土地又开出了花朵。

后来有一天我开车去海滩时，看到天空中到处都是飞舞的蝴蝶，足有几百万只。一开始我简直不敢相信自己的眼睛——那场景看起来太不真实了。我放慢了车速，注视着它们翩然掠过挡风玻璃，但自始至终都没有哪只撞上来。

那是一片蝴蝶的海洋。而蝴蝶，是蜕变和重生的最好象征。

我讲到这里时，听众们在脑海中也"看到"了飞舞的蝴蝶。这个故事引起了他们的共鸣，而且融入了他们自己原本就知道的一些故事——这些故事有着相同的主题，它们都讲述了希望的力量以及转变的潜力，尤其是在危机过去之后。

同样，如果你用讲故事的方式让自己传递的信息充满感染力，你也能打动听众。他们不仅会相信你讲的故事，还会因受到鼓舞而开始行动。此处我们可以重温本书引言部分中对领导力的定义：激发他人的信念，再将信念转变成现实。

这两部分中，第二部分——将信念转变成现实——可以通过多种方式实现，比如制订策略统筹安排以及为团队选择得力成员；但第一部分——激发他人的信念——达成的最佳手段就当属讲故事了。

曾荣获奥斯卡奖的制片人彼得·古贝尔，他也是四支职业球队（包括洛杉矶道奇队和金州勇士队）的所有人之一，有一次对我说，"领导力就是讲故事，这种形式不仅令人难忘，而且简单易行。讲故事的历史与人类的历史一样长，可以追溯到大约4万年前。如果不是从那时起人类就开始相互协作并学会使用语言，人类绝不可能延续至今。所以说，领导力已经有4万年的发展历史了。"

当你利用故事为表达注入活力并与他人建立联结时，就能真正帮助他们树立信心。

> **"**
>
> 你是否在利用讲故事的力量让信息沟通更具感染力？
>
> **"**

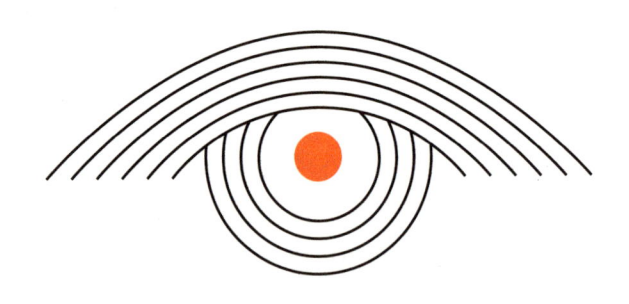

你需要相信

没有什么灵丹妙药能助你成为具有感召力的沟通者。只有当你真诚而坚定地相信目标和使命时,这样的愿望才能实现。正如温斯顿·丘吉尔所说:"在以情动人前,你自己要先饱含真情。在感人催泪前,你自己要先潸然泪下。在令人信服前,你自己要先坚信不疑。"

领导力的生命力在于沟通

十几年前，我刚升任首席执行官时，对"领导者无时无刻不在沟通"这一真实描述还没有充分的认识和理解。我过于关注那些"信息时刻"及其内容——直来直去的讲话、措辞审慎的备忘录等——以至于完全没有意识到，即便不是以上时刻，即便我没有开口说话，我也仍然在用肢体语言进行着"沟通"。这意味着我说过和没有说过的内容，我选择或避免的用词，我目光停留的地方，我走动时步态是否轻松、速度是快是慢，我用这个故事还是那个，我的声音是平和还是威严——所有这些都包含了一些哪怕看起来微小，但他人有意或无意也都可以接收到的信息。要想做到更有效的表达，我需要认清不同时刻的重要性并掌控它们。

正如彼得·古贝尔后来告诉我的："当一位领导者走进房间，都不用等他或她开口说第一个词，在场的人就能形成自己的某种看法……语言是表达思想的艺术，但气场是表现出来的。"

毫无疑问，内容非常重要。任何敷衍的、不妥当的言论都没有容身之地。听者会仅从字面上理解你，所以务必要清晰、准确，还要时刻注意你所说的话产生了什么影响。另外，因为这些话会被转述，也必须考虑到当它们不可避免地在整个组织中被多次转述时，听起来又是什么效果。

但还有一点，不仅说的内容重要——形式也一样重要。虽然这点一向毫无疑问，但鉴于如今视频的大量使用，就更是如此了。其实我们在疫情期间已经感受颇深，人与人之间越需要保持社交距离的时候，他们就越想见到他人——尤其是他们的领导。

举行现场会议时,员工们看到的是活生生的你,也能感受到身边其他参会人的活力与反应。视频会议就完全不同了:你出现在每位员工的屏幕里,很可能只露出头和肩膀。尽管这是整个组织的全体会议,但同时又相当于一对一见面。

疫情刚开始的时候,有一次我录了一条视频信息发给所有员工,视频中我把公司成立50周年的纪念册拿起来给他们看。其实之前纪念册就一直摆在那里,但在我想要与无法见面的人们联系交流的时候,它成了把我们所有人联结在一起的纽带。

> 你既是信息又是信使?

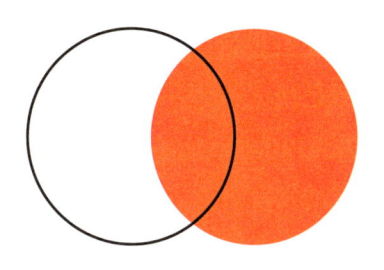

说与做的比例

如果人们相信了你所说的,也会对你所做的产生信心。你需要从保持一比一的"说/做"比例起步。你做你所说的,你说你所想的。当人们认为你是位真诚可靠的领导者时,他们不仅会信任你的一言一行,还会效仿你的一言一行。

丢弃PPT演示文稿

说到使用不当，PowerPoint演示就是一个例子。一个PPT文稿并不是一场演示。它既不会说话，也不能呈现。演示的完成者是人，不是幻灯片。幻灯片只是视觉资料——用得越少越好，这也解释了我为什么一直都建议"丢弃PPT演示文稿"。

相较于现场形式的发言来说，这条好建议对线上形式的发言更重要。在一场跨时区、跨地域、跨文化的Zoom视频会议中，没有什么比一面要放映52张幻灯片的共享屏幕更想让人与之断开连接的了。

读到这儿，你可能会不同意我的说法。很多人不忍心放弃他们珍贵的PPT文稿。不论是发表讲话还是提供最新信息，他们都会花好几个小时准备PPT。我们都看过那种演示，不仅幻灯片多得像翻不到尽头，还布满了密密麻麻的小字。大家眯着眼睛盯着屏幕，自行阅读着幻灯片上的内容。你不禁要问：把幻灯片打印出来并且跳过演示这个环节，不是更省力些吗？

当然，信息分享非常重要——如果几页幻灯片可以助你一臂之力，用上也很好——但尽量把它们做得在视觉上能吸引听众。而且不要止步于此。作为领导者，你必须用言行去激励他人。在说话之前——无论是虚拟场合还是与听众同处一室——务必先倾听和观察。了解听众和讲话的内容同样重要。

问自己以下问题：

- 这些听众——从个体角度以及从集体角度——需要和想要听什么？
- 如何与他们建立良好关系？
- 他们可能有过什么样的经历？
- 这次讲话有哪些内容对他们有价值、有意义？

表达的时候，你不仅仅是把储存在大脑中的所有内容"下载"下来，更确切地说，是以听众需要以及想要的信息作为输出目标，同时还要确保这些信息确确实实全部与他们相关！

借鉴"原声摘要"*

要使传递的信息产生最大影响力，必须紧扣主题。先列一个只包括三个要点的提纲。一旦多于三点，听者就会感到信息过载。然后针对每一个要点，以一个支持性细节辅助。

借鉴一下"原声摘要"的思路，把每一段信息传达的时间控制在30秒或40秒以内。摘要把内容全部写下来，用要点符号进行标记，材料安排要有逻辑，上下两点间的过渡要合理。偏离正题的时候要及时拉回——而且，一定请记住，不要深入解释背景情况。

---

* 原声摘要：sound bites，指电台或电视台节目中插入的简短、精悍的实况片段。——编者注

人们想要真相

当组织面临挑战并且由你来传达的时候，你应该清楚人们并不愿意长时间停留在对最坏情况的想象中，他们更想知道真实情况。如果不及时明示，信息的缺乏会导致犹疑和迷茫，这相当危险。

如果说知识就是力量，那么人们有权了解信息。否则，为了填补存在的信息真空，会花大量的时间在盲目猜测上。不确定性会滋生臆测、加剧恐惧并最终造成混乱。无论消息多么糟糕，人们都更喜欢确定性。

用事实和希望去对抗恐惧。

> 理解了听众后，你就可以成功地将'这是你们需要知道的'转变为'这是你们需要思考的'。

没有捷径可走

是的,信息沟通需要时间——很多时间。但是不要经不住诱惑,企图去走捷径,比如在没有任何证据的情况下就假定人们已经知道某些信息。相反,要花时间向他人表明你很重视他们。要频繁且坚持不懈地传达信息,态度坦率诚实。说话时应带有更多自信,而非权威。既要重视讲话的内容,也要重视讲话时的语气,两者同样重要。

不使用主语"我"

事实上,单靠自己的话,你什么事都做不成。所以,你有何理由在交流中使用以"我"做主语的句子呢?主语"我"只能出现在艰难做出决定并自愿承担后果的情境下。

以自我为中心的"我-做主"(me-dership)没有立足之地。促进追随力的唯一方法是坚持"我们-做主"(we-dership)。"我们-做主"将重点集中于一个共同的大目标以及多个共同的小目标,是真正以"我们"为主角的思维方式。

你希望鼓励大家积极行动。这意味着你需要进行互动式交流,并藉此建立真正的联结以及激发情感上的共鸣。

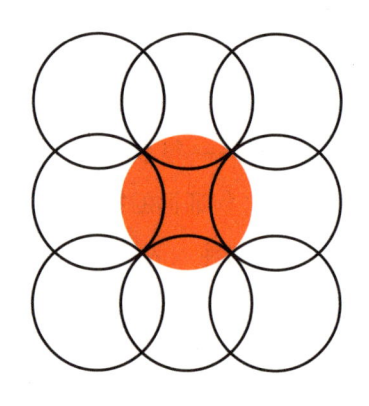

请其他人加入

有时，作为打破沉默的手段之一，你需要让其他人参与进来——话题先以他们为主，然后再转向你设定的议程。比如，在我最近组织的一次线上会议上，一开始我就先请每个人讲了一件他们自己的趣事。参加这次会议的一共约10个人，分别在不同的国家。因为这个简短的分享环节，大家都觉得本次会议是他们参加过的最好的会议之一，每个人都感到与其他人的关系变得更真诚和亲密了。

说到一些打破沉默的寒暄语时，我承认，以前我一直把"你好吗？"（"How are you？"）这三个词称为沟通世界中最无用的三个词。原因很明显，由这三个词组成的那个问句通常就是拿来充数的——人们实在不知道说什么时才会用到它。一个人问："你好吗？"另一个人就机械地回答说："我很好，谢谢。你怎么样？"

但现在我不这样认为了。

此次全球疫情期间，刺破黑暗的那一线光明就是人们有了更高的情商，大家愿意自发地、真诚地、一次又一次地关心和帮助他人。不管是电话会议还是普通交谈，每个人一开口都是在发自内心地询问彼此以及彼此家人的近况。随着我们迈向"下一个常态"，我认为这种情况不会发生变化。

这些故事背后的故事同样是值得分享的。

> "你是在鼓舞人心——
> 还是只提供信息?"

用"右脑"说话

诚然,有时领导者行使指挥权与控制权非常必要,尤其是危机刚出现时。比如,我能记起疫情初期我打过几个关键的电话,电话中我布置了下一步的工作,语气是权威的、命令式的。但其他时候我不会这样做。

大多数时候,沟通,就像领导力本身一样,是能够设身处地地与他人共情。领导他人就是与之建立真实且充满人性的情感联结。想想牧羊人的位置:偶尔在前面,有时在旁边,但更多时候在后面。

这就需要你动用"右脑"组织语言。正如我在引言中所讨论的,作为一个领导者,你务必既依靠左脑又依靠右脑。左脑的分析能力帮助你制定策略,而右脑的人际领导力技能帮助你与他人建立良好关系、鼓舞并激励他人。

为了更有效地沟通，领导者需要开发右脑情感技能：

同情心
关心和了解他人的感受、
问题和动机。

影响力
激励和说服他人；
善于处理人际关系。

社交性
积极与他人交流；与他人相处时
充满活力，能轻松发起社交互动。

决断力
有掌控力，能管理他人；
坚决果断。

在沟通时越多地使用右脑的情感技能，就越能成为更有效的信息与更高效的信使。

前进过程中的每一步都值得庆祝

最后，随着我们走出危机并加速通过危机曲线，对进展做出评估将变得越发重要。毕竟，没有评估这个环节，整个过程就只相当于练习。与评估同步进行的是庆祝——庆祝一路上迈出的每一小步以及取得的每一个小胜利。

> 你如何评估、奖励和庆祝
> 在实现一个个小目标的
> 过程中取得的进展?

不要等到危机结束后才举办庆功会。在被激励前行的过程中，人们既需要目标，也需要希望。

对过程中带着渐进式目标，成功走过的一步又一步——每周的，甚至是每天的，现在该及时给予认可并进行庆祝了。这就是哈佛商学院的特雷莎·阿玛贝尔与其合作者史蒂文·克莱默所定义的"进展法则"。他们指出对"小成功"表示认可十分重要：比如完成了一个项目、顺利开完了一场电话会议，甚至只是艰难的一周终于结束了等。

我总是想起已故的约翰·麦基西克——他是带美国队赢得比赛次数最多的橄榄球教练——以及他那枚戒指的故事。故事是他讲给我们听的。他有一枚上面以钻石镶嵌出"500"这个数字的戒指，是为了纪念他赢得第500场球赛胜利而颁发给他的。后来，在他赢得第576场胜利时，有人问他是否想再要一枚镶着"600"的戒指，他大笑着说："我只想要一枚镶着'577'的——先争取再多胜一场就行。"这也是他在60多年的教练生涯中总共获得621场胜利的原因：一场一场地赢。

指数型激励因子

当你注意到员工们所做的，也就此给予了赞扬，并鼓励他们继续保持时，其他人就会做出反应。内在动力比以往任何时候都更重要——因为老实说，在这个时代，奖励和庆祝将不再是钱的问题。虽然不提供钱可能会引起不满，但多发钱也并非是真正有效的激励因素。

金钱可以租来忠诚，但买不到忠诚。如果金钱是唯一能让员工留在公司的东西，那一旦有人开出更高的薪水，你就无法再留住他们。

在我看来，可以将员工的动机归结为两种：为了爱或为了钱。爱每次都能胜出。

人们渴望被爱，人们也渴望归属感——能同时满足这两种愿望的奖励无疑是最有效的。奖励方式可以是写一封真诚表达祝贺的电子邮件，或者下一次召开Zoom视频会议时公开给予赞扬，甚至只是简单说一句"谢谢"。还有，"我相信你"这句话说得再多都不过分。在危机期间，我们无数次面临艰难的决定。很多次我问我的团队："你有什么建议？"再问几个相关问题后，我就会告诉他们："好的，我相信你。"这些微妙但有力的激励因子恰似向池塘里投了一块鹅卵石，而你的言与行就如同激起的那些涟漪，会迅速传遍整个组织。

作为领导者，你需要追随者，而情感一直都是改变思想、赢得人心的最有力工具。当你告诉别人"幸亏有你，要不我们可做不成"时，你的潜台词其实是，"你拥有我们的爱。"对他人表示尊重和感激可以产生变革性作用。不仅如此，当你注意到人们付出的努力并因此给予他们回应时，你就可以在组织中逐渐建立起一种认同文化。

所以，最终结果固然值得庆祝，但如我以上所述庆祝每一个小成就也很重要，尤其在现阶段更是如此。到达终点时，旅程途中永远是最值得纪念的部分，也是人们记忆最清楚、最深刻的部分。

这些共同的经历也会融入整个组织仍在持续进行的叙事之中。作为领导者，你是整个故事的保管人。你呈现它的方式以及与人分享它的方式，构成了你沟通表达的核心和灵魂。

第四章

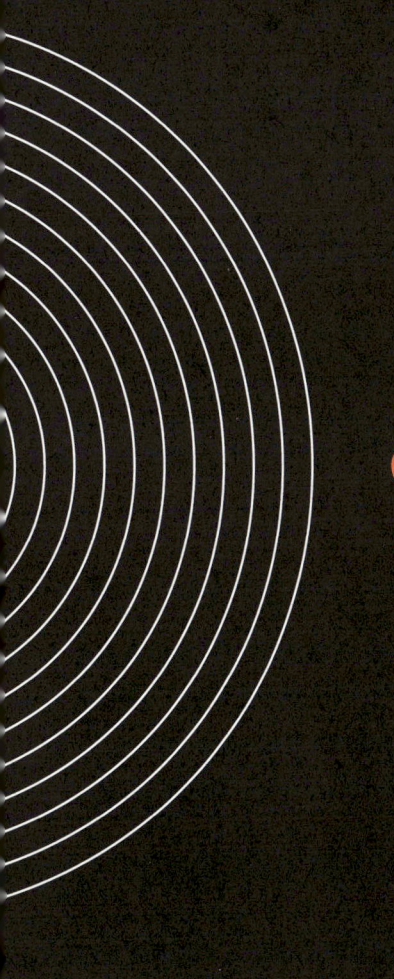

倾听

尤其是那些你不想听的

听听那些你不想听的

前不久我和一位主管面谈时,询问了他在做出决策时获得团队支持的过程。我想了解他是如何把人们团结起来并听取他们的反馈的。

这位主管想都没想就给出了回答:"事实上挺神奇的。每次我们进行讨论,大家意见都完全一致——百分之百支持。"

对此我深感好奇,请他再说得仔细些。他迫不及待地给我举例说:"就在上周,我和团队成员在Zoom上开了视频会议,我们要做一个特别重要的决定。我特意跟每一位成员强调了要对我的想法进行表态,同意的话'大拇指向上',否则'大拇指向下'。他们表态前,我先说了我的意见:我肯定是'大拇指向上'。"

"最后结果如何?"我问他。

"一致通过!不过,我必须得承认,其中一个人起初有些犹豫不决,但最后他还是选择'大拇指向上'了。我在屏幕上看到十个人整齐划一地表示赞成,这种感觉真是妙极了!"

很明显,这不是听取反馈——当然更不是领导力。这完全是以自我为中心的"我-做主"(me-dership)行为。

如果人们不敢告诉领导真相,他们就会选择只说他们觉得领导喜欢听的内容。在这位高管的案例中,他先摆明了自己的看法,这无异于告诉团队他其实并不在意成员们的反馈意见。

> 要想听到真话，必须先保证他人没有后顾之忧——不必担心因为说真话而受到惩罚。

当下，领导者比以往任何时候都更需要倾听——尤其是那些不想听到的内容。如果领导希望员工保持真诚坦率的态度并给出直言不讳的反馈，那么需要将组织内部的等级制无形化。作为领导者，你听取的对象应来自组织的各个层级。借助这种"跨级反馈"，你得以直接联系到离问题、离解决方案，尤其是离客户最近的人员。通过深入而敏锐的倾听，你可以训练自己的直觉。

> 听听各级各部的员工怎么说——收集'跨级反馈信息'。

未来，工作将怎样完成

危机初期，有时为了迅速做出响应，领导者有必要采用自上而下或者命令加控制的领导方式。而在目前这个开始为通过危机曲线而加速的阶段，"冒泡"般自下而上的领导方式才是正解。务必授权给所有员工，尤其是那些直接服务客户的员工，以便于他们能注意一切并及时提供反馈。不过，实现以上目标的先决条件是领导者必须把一项极其重要的技能运用起来：倾听。

新变化席卷了工作和生活的方方面面——与客户改为线上方式联系、供应链"回流"、边境戒备加强、旅行骤减、安全协议增多、餐厅不再提供自助餐——这些将一直持续到人类利用生物科学研究出危机解决方案才能改观。随着远程办公在世界各地成为常态,各公司不再需要设有特大型办公室的"大厦"。他们将办公室紧缩成"乡间小屋",在接待客户时或者同事之间偶尔面对面协作时有房间用即可。对很多人来说,通勤从每天必经之事变成了偶尔为之。这样的改变还可以举出更多……

　　成熟的公司需要回归初始创业时的心态,新创企业则需要比以往任何时候都更具推动变革的创业精神。而要使这一切成为现实,领导者需要倾听。各种信息、深刻见解以及营销情报只能自下而上提供,而非自上而下传达。

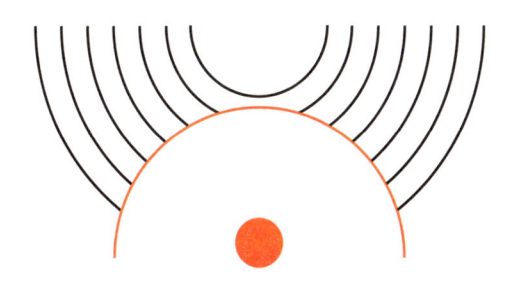

这是一个信任问题

　　人际关系中常见的抱怨之一是:"你根本没在听我说话。"一个人说话时,另一个人偶尔咕哝几声,"哦……是……嗯……哦。"或者一个人只是假装在听,等转身离开后其所作所为却与共同讨论的大相径庭——很明显这个人当时并没有真正在听,即使听到了也没有记在心里。由于开展业务活动必然会涉及人与人之间的关系,类似的心不在焉、脱节断档时有发生也就不足为奇了。

倾听不仅仅是听见,也绝对不只是在轮到自己说话前机械地等别人讲完。倾听需要全神贯注、勤于实践。它与多任务处理恰恰相反——就像在奔忙着处理多件事情时按下了暂停键。

以上这些认识虽然重要,但也只是为"倾听"奠定了基础——是最基本的入场筹码而已。如果领导者想了解真相,他们需要以开放包容的态度对待反馈信息,并真正落实到行动中。领导者,尤其是组织中级别较高的领导者,务必先理解有哪些风险是人们在大声说出真话时顾虑到或者经历过的。

以下列举了四个导致人们不愿意发表意见的问题——以及一个解决方案:

问题1:经济不独立,就没有真正的"言论自由"。

> 人们会自然而然地服从房间里职位最高的人,因为此人控制着资源。如果有人担心自己的生计岌岌可危,哪还有什么胆量说出真话?保证经济状况不受影响是最好的"免疫血清",有了这层保护人们才敢说真话。领导者需要认识到这一点。

问题2:没有人愿意向老板传送坏消息。

> 与领导交谈时人们常常心有疑虑或者谨小慎微。他们会把要说的话过滤一遍,偏向于保留"好消息"——或者他们认为领导者想听的内容。对领导者来说很难听到真话,所以请面对这一事实。人们每日都在各种数据中奋战,他们更喜欢自己对现实的解读,而不是直面当下的真实情况。

问题3：因为害怕被惩罚、被报复而保持沉默。

> 比方说一个项目被拖延了，但是负责项目的上司一直告诉更高层领导"一切都很好""我们会赶上最后期限的，没问题"。然后某天，上司的上司直接联系了团队中的某个人，开始刨根问底地问问题。这位团队成员最大的担心是高层领导是否会立即打电话给他的顶头上司说："某某刚才告诉我……"领导者需要"保护他们的消息来源"——在分享反馈信息时不要提到具体名字。

问题4：如果不能获得人们的信任，倾听就毫无意义。

> 不要只是装出想听反馈的样子，就像那位让团队成员"大拇指向上，大拇指向下"的主管——何必走这种过场呢？如果领导者没有营造出让人们畅所欲言的安全环境，那么整个反馈活动就毫无意义。

解决方案

> 营造安全环境，让人们放心大胆地讲真话。
> 这是关键之关键。

> 如果讲真话这件事总让人们惴惴不安、顾虑重重，那么你永远也听不到真话。

拿掉"STOP"标牌

如果要听坦诚、真实的反馈，领导者在人们的心目中必须是平易近人、友善可亲的。这里有一个某位经理的例子，我觉得最适合拿来说明"不该做什么"。这位经理是我几年前认识的。他希望自己能有单独、安静、连续的工作时间，所以做了一个上面写着STOP(注：表示"停")的红色大标牌。任何他不想被打扰的时候，就把这个标牌摆在办公室门口，再把门紧紧关上。

这种做法触怒了他的直接下属们，而经理本人却对下属们的反应感到非常震惊，因为他觉得那个STOP标牌确实起到了作用。后来他拿掉了标牌，但他的团队成员还是认为他很不友好，难以交流。

要成为有效的领导者意味着同时也要成为有效的倾听者。采用"敞开大门"政策——可以是真正的门也或者是虚拟的门——这样人们才会觉得你容易亲近。

紧急VS重要

对听到的内容，领导者需要分辨出是紧急还是重要。

每天都有大量问题摆在领导者面前——既紧急又重要。平常进行业务活动时，我就发现许多领导者在区分这两者上存在困难。而当危机袭来，由于各个事件及其影响一直变化不定，一切就更加模糊难辨。

> 重要的事情往往会变得紧急，而紧急的事情也会变得至关重要。领导者必须通过授予他人更多控制权并围绕共同目标实施领导的方式，把紧急任务分派下去。

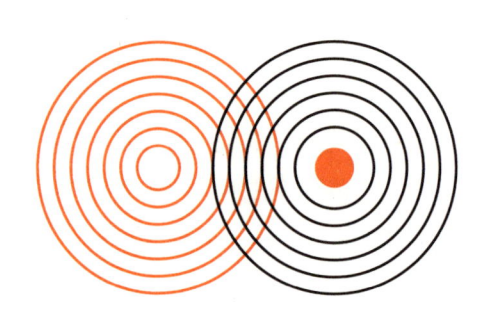

既要由内向外地听，也要由外向内地听

每天，领导者都需要了解对他们来说最重要的两个要素：一为客户，一为员工。在制定由外向内战略与由内向外战略的时候，这两个群体均处于核心位置。

由外向内着眼于大趋势（例如，潜在的小团体主义或虚拟参与）以及客户角度。比如：客户听到了什么、正在经历什么？对你们的组织有什么看法？他们的业务会受到什么影响，进而会给你们的组织造成什么影响？他们当前有什么需求，未来又有什么需求？

由内向外是指站在整个组织所有成员的立场上，获得直接的、跨级的反馈。比如：员工们感觉如何？他们在想什么？他们发现了什么问题？又想到了哪些解决方案？

领导者的工作就是在进行预测、导航和沟通时将以上两个视角结合起来。要将危机转化为机遇，你需要激发集体智慧。真正有远见的领导者——比如埃隆·马斯克或史蒂夫·乔布斯——少之又少。大多数时候，最好和最具创新性的想法都来自组织内部。

集体智慧的迸发可以通过公开坦诚的讨论而实现。对于建设性冲突，领导者应持欢迎态度。当人们因意见不同而辩论时，新见解就会随之产生。在小组讨论或一对一讨论中，确保每个人都被问到："你怎么想？"这不仅促进了思想的自由流动，还传递出一个明确的信息，即每个人都很重要。

不过，要警惕这个常用词——"但是"，没有哪个词比它更能让事情戛然而止了。当一个人正在分享自己的想法或者提问题时，另一个人突然插话说"但是"。接下去不用听也知道，"但是"引出的话永远是在否定前面的内容。毫无例外，分歧就此产生。用"并且"代替"但是"，则可以提高团队效率——例如，"这想法很吸引人，并且你也可以考虑……"

在几个月前我参加的一次会议上，一位员工很诚恳地提了一个问题。一位领导听了之后说："但这与我们正在讨论的没关系吧。"虽然那个问题确实不是亟待解决，但领导的回答无异于直接拒绝。

当时房间里就像被抽成真空一样令人窒息。这个问题很重要但并不紧急，而领导只想概述那些亟须处理的优先事项。会议结束后，那位员工走过来对我说："唉！他（领导）就是不听。"

其实这位领导只需要把"但"换成"并且"，一个简单的用词变化就可以避免三十个人同时陷入灰心丧气的尴尬局面。

倾听需要情商

为了倾听他人，领导者有时必须将工作和生活区分开来。领导者的生活中不管发生什么，都不应影响到他以饱满、投入的精神状态出现在工作场合。我有过很多次在即将开会或讲话前却收到坏消息的经历，每次都只能选择将其暂时抛在脑后。

在此再次提醒你：领导力并不是关于你！

要与他人同在并真正倾听他们的心声，领导者需要情商——尤其是同理心。要站在对方的角度与立场去思考、去感受。

我现在仍记得在新冠疫情初期，很多人在和我交谈时都提到他们对亲人深深的担忧。有一位告诉我她儿子发烧了；另一位则非常担心滞留在南美的家人，他们本身就有健康问题，但又不能返回美国；还有一位跟我说，他父亲患有前列腺癌却没法及时得到治疗。

在应对危机之时，我们公司连续做出了多个痛苦的裁员决定，影响到许多极具天赋的优秀员工。这之后我给那些负责通知当事人的领导们逐个打了电话——我知道他们相当困难，没有哪个领导愿意把这样的消息传达给自己的团队。

在我到处打电话了解情况的过程中，我得知有一位领导进行得尤其艰难，我立即联系了这位领导。在通话时我表示理解并认同这位领导的感受（并没有透露我之前听到的信息以及来源）。"我知道这就是一场噩梦。很抱歉，过去这两周太艰难了。"我先开口说。

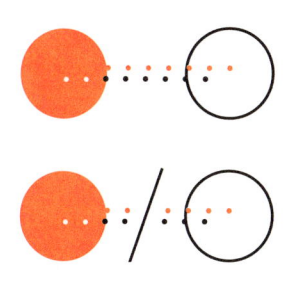

如果没有同理心

大约一年前,我听说过某家科技公司一位经理的故事。那是个周一的早上,这位经理在一个直接下属的办公隔间停下来。"噢,周末过得怎么样啊?"经理问。下属叹了口气,"说实话,有些难熬。昨天晚上,我送别我的狗狗去了另一个世界,实在没办法。"经理对此回答说:"这可太糟糕了。十点小组会议——到时见。"

听我这样说，这位领导就知道我想了解的是真实感受，而不是装出来的坚强。

带着同理心倾听和交流需要一种安全的氛围，在这种氛围里，其他人知道我是在用心倾听他们，真诚地想了解他们的实际想法和感受。

领导者不是告解室里听人忏悔的神父，能让其他人卸掉心灵上的重担。领导者更像是心理医生和导师的结合体，其目标是帮助人们发现问题、选定解决方案并采取行动。倾听他人的结果，应该是他们因此而获得更大的自主权和控制权。

有时人们也会提出一些领导者无法做到的事情或无法满足的要求——也许是现在做不到，也许是不能以他们希望的方式去做。如果碰到这些考验能力的时刻，可以依靠"三明治原则"——把积极信息安排在上下两层(面包)，把消极信息安排在中间层(夹馅)。

这种情形下，第一个积极信息是让对方知道你确实认真听了，比如把对方正面临的问题或难题重复一遍，以此来表明。消极信息则是目前的实际情况，即对方想要的根本不可能实现。也或许，对方的难题是有关于生死存亡的大命题——由于不知道目前遭遇的种种困难究竟还要持续多久而生出的恐惧和迷茫。这时需要明确：针对这一问题的现实是这些困难不会很快消失，而且它们也不受任何人控制。最后，再提供一条充满希望的信息作为收尾：让对方知道你愿意倾听，而且你还会帮助他们研究如何采取积极行动以及何种情形下可以采取行动。

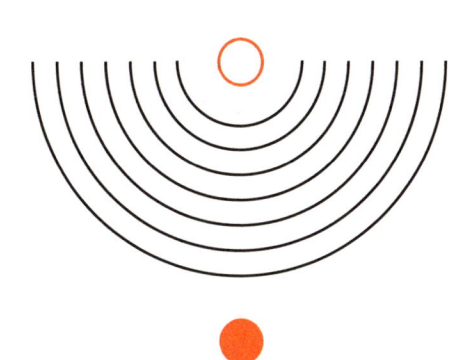

做自省的倾听者

领导者不可能次次都不出错,毕竟你只是人类。认识到这一点后,你可以利用自我反省和自我意识与自己建立起一个反馈环路。当结束每天工作时,自我反省的重要问题之一是"我今天是听得更多还是说得更多"?

几周前和一位同事交谈时,我就没有控制好自己。我根本听不进去他讲话。我曾安排这个同事负责某项任务,在得知任务没完成时,我完全没兴趣了解原因,而是立即武断地下了结论,同时火冒三丈。

挂断电话后,我就因为这场谈话而心烦意乱,但又不得不先做下一件事。当天晚上,在我回顾反思这一天时,我更是充分意识到这次交流有多糟糕。

第二天早上,我做的第一件事就是打电话给这位同事道歉。接通后我别的什么事都没有提,就直接说:"对不起,昨天你说话的时候我没有听。"

> 倾听需要时间——这世上最宝贵的商品。
> 但如果不投入时间,别人就不会把真心话告诉你。

什么让倾听如此之难？

领导者是变革者，而不是像古罗马参议员那样热衷于雄辩的演说家。你想促使人们行动起来，就意味着你和他们交流时需要形成互动。一个经验之谈是，收集反馈信息的时候，你应该多听少说，用两倍于说的时间去听。

但这一切都需要时间——这是领导者在倾听时面临的头号挑战。时间是宝贵的。毕竟，人总是可以赚更多钱，但没有谁能赚更多时间。

倾听意味着允许停顿。在你提出需要对方深思熟虑的问题之后，如果随之而来的是一阵沉默，也不用觉得尴尬。不要为了打破沉默而急于说话。对方不能立即给出答案时，你需要耐心地等待。不要插嘴解释、变换缓和语气或者提示答案，让对方自己去消化。你愿意停下来等待并且认真倾听，就相当于告诉他们："这个问题确实很重要——你的答案值得等待。"

几年前的一次经历曾让我强烈地感受到这一点。当时我去访问一位即将从首席执行官职位上退休的女士。她已经担任这个职位很多年了。我们坐在她办公室时，除了满屋记录着她漫长的职业生涯以及成功使公司转危为安的一件件纪念品外，我还注意到稍远处靠墙摆放着一排搬家用的箱子。

"那些箱子都是空的吗？"我问她。

"是空的，"她笑着说，"还有一项艰巨任务摆在我面前。今天是我最后一天上班。"

然后我提了那个我们见面之后出于心照不宣还没有触及的话题，我提问说："退休对您来说有多艰难？"

谈话陷入了停顿,持续了将近一分钟,但是在感觉上要漫长得多。我没有说话,也没有觉得不安。我脸上带着平静而温暖的表情,默默凝视着她。这不是个小问题——而且我们彼此心里都清楚。

终于,她开口了,眼里饱含着泪水。"太艰难了。这份工作,只用心、用脑以及用你所有的一切都做不成。只有当它变成你的一部分,而且是一大部分的时候,你才能做好它。"这绝对是一个值得等待的回答。

这个故事的寓意是:倾听中出现沉默时请等待。

> 倾听,学习,然后领导——
> 请按照这个顺序。

倾听时的心态

要倾听他人,必须先与他们沟通交流。对领导者而言,这意味着你要保持真诚而谦虚的态度,尽量拉平你与他人之间的差距,尤其是和那些平时很少与高层领导接触的人交谈时。

有一个关于英国前首相温斯顿·丘吉尔的故事很适合作为这方面的范例。二战期间,丘吉尔接见了一位因表现英勇而受到表彰的空军上士。这位上士敢于在近4000米的高空飞行时爬上他的轰炸机机翼去扑灭右舷发动机燃起的火焰,却在见到丘吉尔时吓得结结巴巴说不出话来。

看到上士如此紧张，丘吉尔对他说："在我面前，你一定觉得非常谦卑和不安。"上士表示确实是这样。"那么你能想象到，"丘吉尔继续说，"我在你面前也是多么谦卑和不安。"

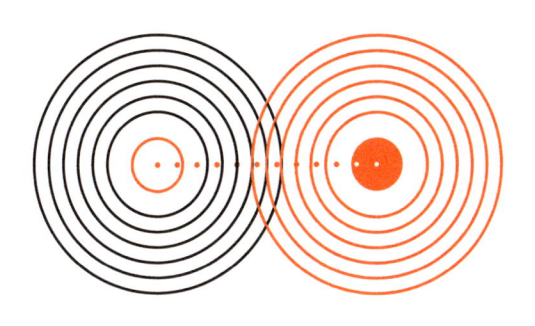

正如能促进领导力的其他各方面一样，谦虚也可以提升倾听的效果。如果你觉得自己已经比其他人知道得都多，并因此只是假装在听——那无异于浪费所有人的时间。听见和倾听的区别在于是否有理解的过程。

检查一下心态：如果你不乐于学习，你就不会产生倾听别人的想法。而学习，这个接下来就要讨论到的主题，在通过危机曲线的过程中乃至在通过以后都至关重要。

第五章

学习

失败得快　学得更快

持续学习

没有什么比危机或者棘手难题更能加速学习进程的了。这时的学习敏锐度将直接提升至N级,即最高级别。

按照其正式定义,学习敏锐度是指将过往经验应用于新挑战的能力和意愿。或者,我喜欢把它解释成,是一种当你不知道能做什么的情况下仍知道如何应对的能力。

处于危机中时,对学习敏锐度的需求会非常强烈。由于不确定的因素太多,你需要高度关注以往的种种经验,将其加工整合,再实时应用到极不稳定的局势中去。但同时也有一点重要提醒,你要知道是昨日所知成就了今日所致,而今天只不过是明天的起点。

成就会逐渐黯淡,进步能鼓舞人心,但学习必须持之以恒。

任何一家公司与其竞争对手之间的差距都不是绝对的,而是相对的。要想使组织面目一新,你需要通过学习促进其发展。

当你深陷危机之时——比如像新冠疫情这样罕见且普遍的危机——很难保持思路清晰。要想获得清晰的思路,最好搜寻一下是否有类似事件作为对照。例如,这次危机与大萧条或金融危机等历史事件相比如何?以前你又是如何面对重大挑战的?

将当前面临的"未知"与以往多次危机后的"已知"作对比,你就可以形成合理的判断。就像多个点连在一起能够构成图案一样,把很多细节和线索联系在一起后你就得以了解全局。

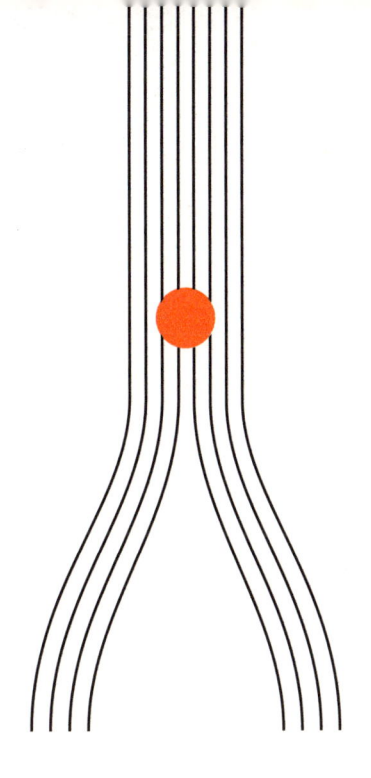

学习敏锐度

当你不知道能做什么的情况下仍知道如何应对。

> 知识是拥有已知。智慧是承认无知。
> 学习能力和识别能力则是这两者间的桥梁。

预测成功的1号指标

在光辉国际，我们做过6900万次高层管理者评估，很清楚是什么孕育并造就了成功。答案就是学习敏锐度。学习敏锐度高的人加速通过危机曲线的可能性要大得多。这些人具有以下特征：

- 能妥善应对(事实上也乐于应对)模棱两可、错综复杂的情况。
- 能超越现状，集中精力重新构想。
- 能深入思考，且富有洞察力。
- 能欣然接受新事物以及不同的处理方式。
- 能勇于当责、勇于担责，并甘心为之——尤其是出现差错或结果与计划有偏差时。

有了学习敏锐度，你就会心甘情愿关掉省心省力的"自动驾驶"功能。你不再日复一日按照预设好的一成不变的模式运行，而是去做和体验各种全新不同的事情。

要创建和加强学习敏锐度，必须保持强烈的求知欲，全心投入并致力于自我提升。学得越多，进步也就越大。而且，你也会带领你的组织一同进步。

这就是领导力的一个事实：你在提升自己的同时，也在提升自己的组织。

毕竟，如果你是一个停滞不前的领导者，就会被世界甩在后面。你必须增加自己的见识，尤其可以广泛征求他人——特别是那些一线工作人员——的反馈意见。这里还有一个提醒，我们需要意识到领导力的六个方面是如何交织在一起的：不论你是在预测还是在导航，也不论你是在沟通还是在倾听，所有这些方面都能强化你和你的团队学到的东西。

学习敏锐度的五个方面

自我认知力

善于思考，了解自己的优势与盲区，主动获取他人的反馈意见与个人见解。这就是"了解你自己"，也是学习和进步的前提。自我认知与诚实坦率必须相互配合，缺一不可。

心智敏锐度

心智敏锐度使你乐于接受复杂性、能以独特的方式研究分析问题、能在事物间建立新关联、能保持好奇心和求知欲。拥有高度的心智敏锐度时，你不仅有能力克服不确定性，实际上还愿意欣然接受出现的种种不确定甚至为此感到兴奋。你求知若渴，兴趣宽泛，涉猎甚广。你面对模棱两可的情况也能应付自如，并且能找到事物间的相似点和不同点。

人际敏锐度

如果你能做到先倾听他人并乐于接受各种观点，就表明你拥有人际敏锐度。运用自己的情商去发现并消除潜意识里的偏见，从而避免先入之见。第一次见到某个人时，不要在所谓的关键前七秒内就仓促做出决定。多花些时间并深入了解再做判断，保持开放的心态，乐于听取或接受别人的意见和观点。

变革敏锐度

变革敏锐度是指不断探索新选择，而绝对不标榜"我们做事的方式一贯如此"。擅长利用假设预测可能出现的情况，并且能够将想法付诸实践。

战略敏锐度

将以上所有敏锐度汇集起来——并应用于组织思维与组织战略，这就是战略敏锐度。

走好下一步需要敏锐度

拥有学习敏锐度的人，能够在多变的环境中保持敏捷的思维与很强的适应性。这也解释了为什么学习敏锐度可以作为特征之一去界定那些既是高绩效者又是"高潜力者"的人——"高潜力"意味着他们的职业生涯有望持续更长时间。

作为领导者，你不仅要培养自己的学习敏锐度，还要从周围人身上寻找这一特质。拥有这一特质的人，不仅仅满足于知道如何做以及自己更想做什么，他们还会主动探索如何改善，会努力学习新技能，会积极采用新的行为方式和工作方式。

没有或不培养这些技能,都将付出很高的代价。最近,我看到一位高管候选人的心理测评结果(如引言中所述,我们也称之为光辉国际人才四维评估,简称KF4D)。测评显示这位候选人具有强烈的直线型思维特征,且学习敏锐度较低。我们的职位需求是能够推动变革,所以在我看来,这个人并不是合适的人选。

我们公司在这方面并不是独行者。为了更快速地度过危机,每个行业、每个领域的企业都将寻求具有高敏锐度的领导者以及团队成员。

帮助他人学习——并获得成功

当人们被提供了充足的学习机会时,他们会锻炼并发展自己的学习敏锐度。把学习确立为通往成功的途径,这点非常重要。

我曾经多次与商业领袖和管理大师肯·布兰查德探讨过卓越的领导力。他经常提到他早年担任大学教授时的一件事。那时他有个习惯,就是在上课第一天就把期末考试的答案给学生。

因为这一做法,他经常与系里其他教师意见不合,但是他坚持自己的决定。他解释说,他最主要的任务是把学生需要学习的内容教给他们,而不是按照某种分布曲线去评估他们的学习效果。

肯抱定了决心要用整个学期把期末考试的答案教会学生。

> 要想使自己和组织都得到提升，你必须学习——永不停止地学习。

他把这一理念命名为"帮助人们获得A",而且一直以来他都坚持把该理念运用到自己的工作中。

该理念的秘诀就是提前将答案公布给团队成员并设立明确的目标,然后再将实现这些目标所需的指导与支持提供给他们。

拉里:一个警示故事

这是一个致命弱点:只要人很聪明,其他什么都不重要。你不必担心情商问题,因为你的智商很高,这种想法是灾难的根源。当你认为自己什么都懂的时候,就失去了学习的动力。

在这方面,我见过的最糟糕的事例之一,是一位多年前与我共过事的小伙子,他名叫拉里。不过拉里确确实实是我们中间最聪明的人。他才华横溢,对任何话题都能侃侃而谈——时事的、政治的、历史的、运动的——而且见解颇有深度。而说到工作业绩,拉里也是令人惊叹。

但是拉里把自己的聪明当作一件武器。如果说他的智商高达150,我丝毫不会惊讶,然而谈及情商,拉里的却为0。应该说,他没有在"右脑"——如我在引言中所述——储存哪怕一丁点这种叫情商的东西。他比其他任何人都聪明太多(他会很快就会让人意识到),以至他觉得根本没有必要去遵循那些适用于其他人的规则。他通常不会参加各种会议,而等他确实在场时,又常在别人发言时大声说话,还打压每一位与他意见不合的人,并且对其他任何人说的任何事都完全不感兴趣。有一次开会时他来晚了,却仍然大摇大摆走进会场。之后同事们在做报告或展示最新成果时,他却在飞快地翻看杂志,他甚至完全不觉得这样做有什么不妥。

还有不管被问到什么事情，拉里总是闪烁其词，从去了哪里到在做什么，无一例外。后来我们发现拉里也是一个撒谎高手。不久前，我和一个可能认识他的人面谈过。我询问起这件事时，那个人回答道："哦，我当然知道他。关于拉里，有一点要说的就是，他只要嘴唇一动，说出来的就是谎话。"

然而，由于他的业绩过于出色，人们总为他找借口："哦，因为拉里就是拉里呀！"随着时间的推移，拉里的傲慢自大、粗鲁无礼、盛气凌人对团队的伤害越来越严重，简直无异于烈性毒药。这么说吧，就如同那种生存类真人秀中的情节，他被投票赶下了小岛。

放弃他的业绩很难，但做决定让他离开很简单。他目中无人、横行霸道、拒绝学习，即便是简单如待人接物方面的自我提升都拒绝。

这个故事的寓意是自我认知力——这一特质高于其他任何特质。不仅要清楚自己知道哪些，更重要的是要清楚自己还不知道哪些。一个人无论多聪明，总有需要学习的东西。

知所不知才是智慧的源泉。你在周围寻找答案，也在你最宝贵的资源——你的员工中寻找答案。这就是我在"预见"和"倾听"这两个章节中都讨论过的自下而上气泡式领导。没错，你是在领导其他人——但同时你也在向他们学习。

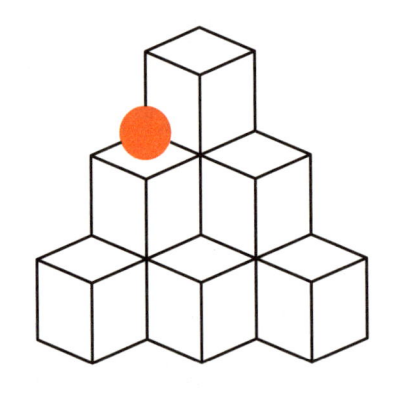

永不满足的求知欲

学习敏锐度高的人积极与周围的世界互动并保持着密切的关系。由于有无限的好奇心，他们不会墨守以往经验中或解决问题时的"老一套"。他们能跳出现有的战术，尽管这些战术在过去也曾经行之有效。他们乐于打破自己已知的或者更偏爱的常理。他们不断寻求改善，学习新的技能和行为方式。他们积极运用新方法、新构想和新的解决方案。

> 学习,归根到底就是找到变革的真正杠杆。

学习是接受不完美

追求完美总是很吸引人,就好像这是一种美德一样。毕竟,有谁不想把事情做到百分之百圆满呢?但是尽善尽美和模棱两可就像花生酱和果酱一样,不能搭配在一起。

危机来临时,领导者不可能等到集齐所有信息,或者哪怕只是大部分信息,再去做决定或采取行动。作为一家大型零售公司的领导,肩负着几十万员工的信任,"我感觉自己每小时都在做出重大决定,每一个决定都影响着如此多人"。

我们每个人期望的最好结果就是有一个在当时当刻就能做出的正确的决定,因为任何决定都不可能永远正确。一个75%完美但100%可执行的对策,要比一个100%完美但仅75%可执行的对策好得多。

不完美也要敢于实践——看看在舒适区之外你能学到多少东西。

这不是失败，这是学习

发明家托马斯·爱迪生有一句名言："我不是失败了一万次，我只是成功找到了一万种行不通的方法而已。"新常态下，这句话就是我们可以奉行的准则：先发现哪种方法行不通，再借助这次实验，找到那种行得通的。

寻找时机进行短期实验或者开发快速成型产品，这些方式不需要投入大量的资金、时间和精力，而且还容许失败（并提供学习机会）。许多有创意的想法从未推向市场，甚至一些已上市的发明创造成功率也不高。尽管如此，这些实验不仅会带来宝贵的经验教训，还有利于强化和提升学习型文化。这也解释了为什么那些最成功的创新者都会利用大量快速且廉价的实验来增加他们成功的机会。

不过，人们并不只是从失败和失利中学习，也会从成功中学习。所以每次取得成功后也应该仔细分析，想想那些教练的做法：每场比赛过后不论结果如何，他们都会反复观看比赛录像。作为领导者，你也有必要这样做，尤其是事情进展顺利的时候。

拥有乐观心态的领导者，尽管已充分意识到将出现一定的失败率，也仍然会鼓励并支持新的努力和尝试。在目前这种新常态下，面对着在过去二十年间都未曾见过的巨大变化，有些事情自然不再行得通。所以当下我们将遭遇多次失败，这也完全在意料之中。

虽然这听起来有些违反直觉，但这些失败值得庆祝。正如我之前所说，失败得快，学得更快！借助这种方式，我们解锁了从失败中进行实时学习——也就是随时需要、随时学习的潜能。

当学习被重点关注时,你会听到人们说:

- "我在这里看到一些有趣的相似之处。"
- "我很想了解更多跟这个有关的信息。"
- "我以前从未尝试过——我们来试试!"

但当学习的关注程度需要加强时,你听到的是:

- "我希望可预测性和稳定性都更高些。"
- "这似乎有风险——我担心会失败。也许我们不应该去尝试。"
- "我甚至不知道从哪儿开始。"

> 知识带来信心;
> 失败带来智慧。

学习能避免"听天由命式领导"

实验的次数越多,学到的东西就越多。彻底的改变就是这样发生的。你会发现哪些不奏效,哪些有效果,又有哪些本来效果可以更好。在收集并分析结果时,你需要记住,你获得的那些数据与反馈是否有用,依赖于你在信息筛选、背景分析以及价值评估等方面具备的能力。如果不进行评估,你就无从知道自己是不是真正在学习、在进步。

更重要的是,勤做评估能帮助你避免变成"听天由命型的领导者"。这类领导者没有计划,任由未来自行发展。对照危机曲线上目前所处的时期,这么做的风险实在太大。既要向过去学习,也要向当下学习。对结果进行实时评估可以确保你不断学习,并且有意识地规划塑造明天。

钱、生物学、心理学

那么,要想成功到达"那儿"——这里我指的是能够再次出现的正常状态即"新常态",我们需要做些什么呢?这是每个领导者要学习的第一课。

在我看来,加速通过这场危机曲线需要金钱、生物学和心理学这三大支点助力。金钱非常有用,这是当然,但并非人人都有钱,而且财政刺激的作用相当有限。生物学最终会占上风,因为治疗手段和疫苗的研发都仰仗这一科学。在最优秀人才的努力之下,研发工作已经取得进展,但仍然需要较长时间——很可能还需要18到24个月。

> 学习意味着提出问题。
> 行动起来才会有答案。

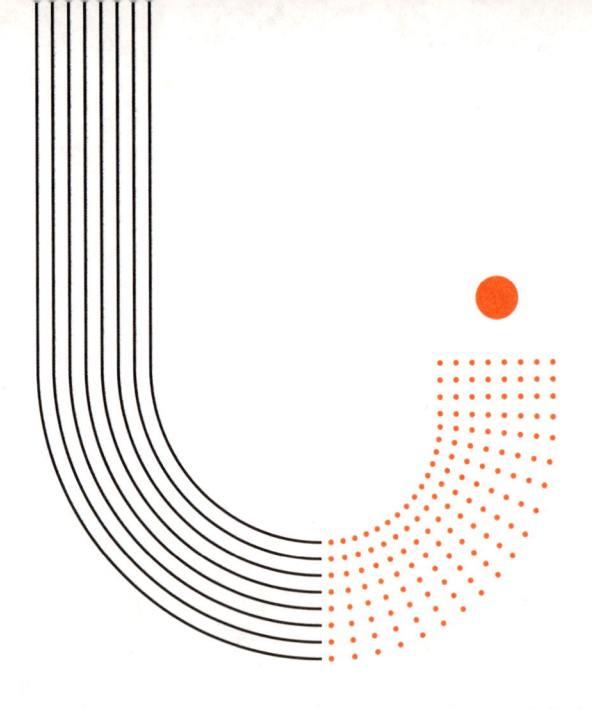

心理学能让我们走得更远。情况会发生改变，是因为我们——有着同样强大的自我修复能力的自然界与人类，有能力让它们改变。借助于心理学和社会学，我们将促使自己建立起一种成长型心态，这种心态会引领我们——无论是个人还是集体——超越"过去的自己"，进而去做我们想做的事（成为我们想成为的人）。

　　疫情期间，在我们家形成了一种新常态，那就是每天下午一点半左右大家一起休息一段时间。我们都放下手头正在忙碌的事情——远程工作、电话会议、高中的线上课程、大学的线上课程等——围坐在一起吃顿午饭，同时也一起聊聊天。一开始大家交流的内容无外乎眼下的事情（比如谁需要什么东西、什么时候外出采购等）。渐渐地，大家开始谈论起未来——每个人都在为之努力的那个时刻。

　　有一天午饭聊天时，我最小的女儿奥利维亚说起她观察到的一个情况："人们总是问，'你将来想做什么？'他们为什么不问，'你想成为什么样的人？'"

听她这样说，我突然意识到，她提出的这个问题对我们所有人来说都是一个极其重要的问题，无论是从个人层面还是从组织层面。要成为你想成为的人，你得确定你需要学习什么。这不仅适用于你个人——如何成为一位好领导，也适用于组织——如何在组织内部建立起学习型文化。

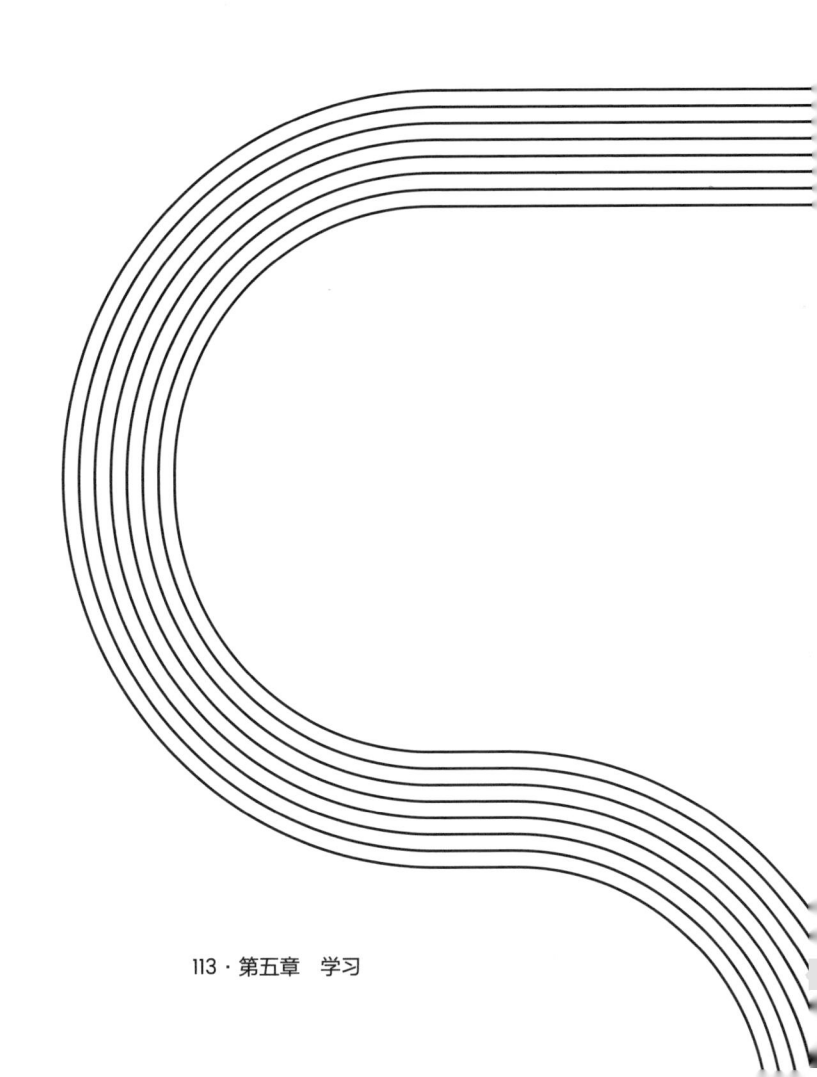

第六章

领导

全面负责，时刻挂心

到此，六维领导力在最后一个维度合为一体：领导。每个维度都代表着领导力的一个方面。预见或导航是领导，沟通、倾听或学习也是领导。但只有在它们相互融合后，领导力才呈现出动态，升级为一个动词——"领导"人们通过危机曲线。

我们非常了解是什么造就了卓越的领导力。如本书引言中所概述，根据6900万份高层管理者测评，排名前20%的一流领导者都拥有四项出众的品质。其中前三项主要凭借直觉，分别是：有远见，懂战略；抓增长；有财务头脑。第四项则是有效应对危机。与前三项不同的是，第四项的品质往往被轻视、被忽略——直到危机袭来之时才会想起它。

危机中的管理归根到底是对模糊性的应对和处理。高管们面临的所有问题中，90%都呈现出模棱两可的特点。责任越大，随之而来的模糊性就越大。放眼望去，处处可见"模糊"以及它的各个同义词：不确定、费解、含糊不清、怀疑、迷惑、神秘难解。领导者就如同身处最浓重的大雾之中。而且今天领导者不单是面对种种模糊不明的问题，更雪上加霜的是要承担的风险达到了史上最高。几个月前一切如常的业务已经发生了根本性变化，现在的业务状况已经陷入"异常"。

不幸中的万幸是，你不是只身一人。

> **领导。**
> 全面负责，时刻挂心。
> 激发他人的信念，再
> 将信念转变成现实。

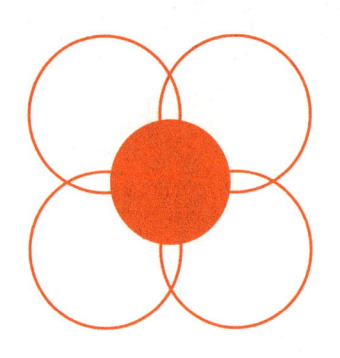

你不是唯一一个站在木板上的人

当今的领导者需要对不平坦的路途处之坦然——这在本书中不止一次提到。要做到这一点,就需要变换角度看待问题。

很多人小时候应该都有过这种经历。炎热的夏天,你去游泳池玩耍。你坐在泳池边,双腿垂在水里晃来晃去,你抬头看向高台跳水板,觉得它看起来好像也没那么高。随后你站起身走过去,开始顺着梯子一级一级向上爬。

才爬到大概第五级时,你就开始觉得上面似乎还有一百级,你紧张到汗水从脸上一滴滴滚落下来。你很想改变方向爬下梯子,但是突然这么做的话肯定会遭到其他孩子嗤笑。害怕被取笑,成了你坚持向上爬的唯一动力。

终于,你爬到了最高处,但这时你觉得自己就像被海盗惩罚的俘虏要在船舷边走木板一样,你根本就做不到。之后,在努力抓紧跳板时你不再盯着自己的脚,而是抬起视线望向整个泳池。你看到刚才在你前面跳下去的那个孩子,在水里扑腾起好大的水花。更早跳下去的其他人也在游泳池里,在为你鼓劲加油。你的整个视角发生了变化,脚下不再是可怕的木板——而是一块跳板!于是你纵身一跳。

今天也需要同样的思维转变。在指导高级管理人员应对模糊性时，我们的建议始终是"背景结合法"——着眼全局。这就像使用"谷歌地球"时，通过点击你可以把画面尽可能推远。当你把自己置于取景框外，调整焦距获得最广阔、最深远的画面时，你得以一览全景。这时你会看到，你并不是唯一一个站在木板上的人。

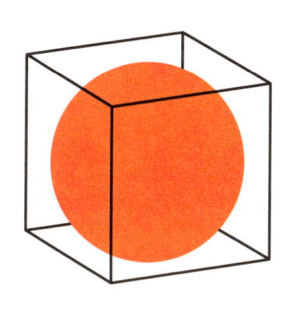

全面负责，时刻挂心

作为领导者，你不仅要经受做决策时的紧张刺激，最重要的是，还必须承担决策的后果。这是领导力在情感上甚至在精神层面上的投入：每天24小时、每周7天，时刻放在心上，这是你作为领导的特权和责任。你不仅要负责"关照"客户，要负责"养活"员工，还要对股东负起最终责任。所谓"全面负责，时刻挂心"，即为此意。

> 作为领导者,您必须全面负责,时刻挂心——以'关照'客户、'养活'员工为己任。

需要如气泡般冒出的集体智慧,而非乌龟翻肚皮的困顿

人在陷入恐惧时——不管是个人的还是有关人类生死存亡的,自然反应就是如瘫痪般失去行为能力。他们像"肚皮朝上的乌龟",动弹不得。说到这个,我想到的是疫情刚开始两周时我和我妻子莱斯莉在超市亲眼看到的一个场景。

当时我们看到一位邻居疯狂地打着手势在和超市经理说着什么。走近一些后,我们听见她说:"这么多人离我这么近,你打算怎么解决一下?"

经理试图和她讲道理:先指出每辆购物车都是用消毒液擦拭过的,又介绍了超市每天晚上是怎么进行深度清洁的。他好心好意地解释着,但对她来说没有起到任何作用——我或者其他任何人说的也全都没用。所有这些话她都充耳不闻,因为哪句话都解决不了对她来说最重要的那个问题。她被吓坏了,在那一刻她能感受到的只有自己内心的恐惧。

领导力,尤其是遭遇危机之时,指的是能设身处地地为他人着想。人们无数次向我吐露心声,倾诉他们对亲人、对自己的担心——都是

些不为人知的、故事背后的故事。必须先承认恐惧，有了这个前提，集体智慧才能像气泡一样接连不断地向上冒，否则就只有自上而下传达的信息。

不过与此同时，人们也特别需要希望——类似"一切都会好起来"的保证。

一切都会好起来的

就在新冠疫情刚开始的那几周，有一天我带着狗出去散步，走过一段人行道时，突然看到的景象让我猛地停下了脚步：地上有一些粉笔涂鸦，连起来看就是一句话"Everything will be OK."（"一切都会好起来的。"）那稚嫩的孩童笔迹一下子把我的思绪拉回了多年前。

那年我儿子杰克刚刚五岁。当时他正躺在医院一间白色的无菌术前室等着接受手术。手术前一天晚上我们其实都很平静，但等第二天黎明时分起床后，护士进来在杰克的手臂上扎针时，我们突然感觉到了手术的严重性。

杰克转头看向我，眼睛睁得大大的。他问我说："爸爸，一切都会好吧？"

每个做父母的人，或早或晚肯定都会被问到这个问题。对我来说，那是我第一次被这样问。当时我不仅内心充满了恐惧，而且还震惊于自己居然那么恐惧。我强行让自己的声音听起来信心十足，我对他说："肯定的。都会好的。"

多年后，我们的位置互换了。这次换我躺在医院的病床上，我第三次因为腰椎间盘突出而住院。

我准备好进手术室时，杰克捏了捏我的胳膊，对我说了同样的话："爸爸，一切都会好起来的。"

希望不仅可以掩饰恐惧，它更能战胜恐惧。然后希望将变成信念，信念将变成现实。

> 最初、最后、永远——领导力一直在激发他人的信念，然后促使其信念成为现实。

时势艰难之时……

希望、鼓励、信念——这些都是强大的提升情感智力的手段。但还有另外一种手段也行之有效，尤其是当你积极而频繁地使用它时。那就是：笑。当然，我的意思并非拿不幸开玩笑，也不是要将危机轻描淡写一带而过。我只是想说，对你自己、对你面临的困境笑上几声，就能帮你拨开一些模糊了视线的浓雾。

就在危机延续，每个人都渴望着能加速通过危机曲线，尽快回归正常时，我分享了下面这个故事。我还是孩子的时候，就非常喜欢露营。等有了自己的家庭之后，我迫不及待地想和妻子以及孩子们再去体验这种活动。我花了几个月时间筹划准备：租了一辆房车，并在地图上绘出了去美国西部探险旅行的路线。我们先在某个周末简单演练了一番,然后收拾锅碗瓢盆、食品杂货,最后装了满满一车。一切就绪,我们上路了——全家七口人,包括我们最小的女儿奥利维亚,当时她甚至还不会走路。

刚从家门口的车道开出去十分钟,孩子们就开始问:"我们快到了吗?"

一直到我们抵达犹他州和亚利桑那州交界处的鲍威尔湖,这种兴奋都没有消退,尤其湖边的景色真是令人叹为观止。但随后不幸就发生了:我们的房车里出现了很多虫子,紧接着另一种"虫子"———一种不太严重的肠道传染病"放倒"了全家。车上带的两种止泻药易蒙停和次水杨酸铋分散片根本不够两个大人和五个孩子支撑下去。更糟糕的是,房车的黑色污水箱满了,并且当地炎热异常,气温高达44摄氏度。

显然,这段旅程并不像梦想中的那般浪漫。

我们受够了,决定取道拉斯维加斯回家。我们颇有风度地把那辆两侧都贴着巨大的"你的梦想假期"标志的房车轰隆隆开到了米高梅大酒店的前门。当我们跌跌撞撞地从这辆"大卡车"里钻出来,准备好好休息一夜而不用担心污水箱问题时,你可以想象酒店代泊车服务员脸上的表情:"欸,说真的,您想让我代停这辆庞然大物?"

第二天早上,我们离开酒店正准备上路之际,发现房车居然有两个轮胎漏气完全瘪掉了。修轮胎又花了一整天时间。到最后,当我们终于行驶在回家路上时,感觉我们的经历简直是电影《假期历险记》(*National Lampoon's Vacation*)的重现了。

旅行刚开始时带着兴奋和激动反复提出过的问题此时又被无比绝望地一遍遍追问(而且不仅仅是孩子们在问):"我们快到了吗?"每个人都迫不及待地想赶紧到家。

尽管这次度假经历非常糟糕，却成了这些年来我们家经常被提起的笑料——每说一次这个故事就变得更有趣一些。危机期间，我们全家七口人中有五口连续好几个月待在家里。每当有人抱怨不能出门时，其他人就会说："好吧，谁去搞一辆房车？"

这个故事的寓意：找个理由多笑笑。

领导者不可以有"灰暗的一天"

作为领导者，你不能让自己的"灰暗时刻"暴露在员工面前，你承担不起相应的后果。如果你真这样做了，员工会把你这些消极悲观的所感所想当成是即将真实发生的。不过，在你试图加速通过危机曲线的过程中，即便可以降速时也不要急于换到低档。你可以表现出一些脆弱。

在这样一个富于变化、很多事情需要重新构想的世界里，谁都没有全套答案。现在不是表现个人英雄主义的时候。现在最重要的就是团队——你需要把有才华的人聚拢在身边。

那么你呢？你会怎么样？是的，真实的场景是：当你站在众所周知的金字塔顶端时，你很快就会意识到这里除了你自己外空无一人。"诚惶诚恐，深感荣幸"，也只能用这些词语来描述领导之位了。

当然，这其中也蕴含着危险。你可能会与外界隔绝开来——甚至受到孤立。这也意味着当你百分之百专注于最重要的人：员工和客户时——他们将成为你工作业绩的最终评定人。

在领导之旅中，你可以和那些职业发展路径与你相似的人交流、倾诉：比如，首席执行官和首席执行官，以此类推。最重要的是，向那些绝对不会和你讨论工作的人寻求情感依靠——比如伴侣或配偶、家人、好朋友等。在专业圈子之外建立起自己的社交渠道，确保你平时总能和这样一些人保持联系：他们把你看作是普通人，而不是一个工作头衔。

> 在他人看来，你的所感所想就是即将发生的事实。

灰暗时日里，是谁激励着你？

身处这场危机之中，我常常想起我的一位好朋友——鲍勃·麦克纳布，他曾担任光辉国际的执行副总裁。他于 2013 年去世，生前曾勇敢地与癌症抗争了很长时间。在他生病期间，我和他有过数百次交谈——最后一次是在我开车去一所大学做毕业典礼演讲的途中。

鲍勃的电话号码突然出现在汽车仪表板的屏幕上——是鲍勃的妻子黛比打来的，她说鲍勃想和我聊聊天。我先听到他艰难的呼吸声，还有医疗仪器的声音。然后他的说话声传来，还是他那一成不变的问候："你好吗，老朋友？"

我们只谈了一小会儿，但他所说的每一句话——注意：这非常特别，却是他的一贯做法——都集中在我身上，而不是他自己身上。然后他告诉我："你让他们见鬼去吧"，接着我听到了他虚弱的笑声。谈话最后，仍然是他标志性的不管和谁聊天都会用的结束语，他说："爱你，宝贝。"

我说："我爱你，鲍勃。"然后电话挂断了，车里安静得可怕，而我心里明白将要发生什么。一小会儿之后，鲍勃，我深爱的朋友，离开我们去了另一个世界。

记忆中有关鲍勃的点点滴滴一直激励着我。每每想到他的高雅和稳重、他的沉着和大度、他的同情心以及他对别人倾注的爱和关注，我就会努力向他看齐，力争和他做得一样好。

是多数人而非少数人的管家

有时领导的身份是一种负担——一种沉重的责任。但在最艰难的时候，你也要提醒自己：别人身上同样背负着重担。

到现在为止，在我的职业生涯中，也包括在最近这次危机中，算起来一共有七次不得不做出令人愁肠百结的决定。它们并没有随着次数的增多而变得更容易。事实上，每一次决定都比上一次更难。

单凭理性做决定的话就是另一回事了——仅谈论数字和成本削减，或者使用更抽象的术语，比如人头数、协同效应、合理精简等。但要做决定的对象不是数字，他们是人。

20世纪70年代的著名电影《教父》中有句名言"一切都是生意"，我并不是要驳斥这种说法，但它的确"不仅仅是生意"。它也是与人密切相关的——直接影响着人们的生活。

有一天夜里11点半,就要最终敲定那些艰难的决定了,我还在预想着接下来会发生什么。我又一次检查那些推断出的数据和说明,试图看看还有没有别的办法——除了那个我能拉动的控制杆之外还有没有其他的可以操控。那天晚上我眼里没有数字,我只看到了一张张面孔。我想到了我们的价值观。

我拿起那本2019年公司成立50周年的纪念册,看到了一张张或微笑或大笑的脸以及一个个庆祝成功的画面。我想起人们一直以来分享给我的那些日常生活故事。有人曾经与非常严重的疾病抗争——有几个人甚至不止一次经历着这种事。我祝贺他们孩子的出生,也为他们失去亲人而哀悼——甚至有几次我需要在葬礼上致悼词。

虽然公司的高层领导团队自愿大幅削减工资并决定放弃当年的现金奖励,但这并不重要。这些做法在经济上确实有所帮助,却终究不能减轻其他人身上的负担——事实上,不能减轻的是全世界的所有人。不过从另一个角度看,虽然这个负担很重,但能感受到相应而来的痛苦未尝不是件好事:它提醒了我们共同人性的存在。

归根结底,领导者是多数人的管家,不是少数人的管家。领导者被迫做出会给少数人造成严重影响的决定,目的是为了保护多数人。这就像《苏菲的选择》(*Sophie's Choice*)一书中苏菲要做出的抉择,虽然艰难但无法避免。为了加速通过危机曲线,你必须做出决定。正如我前面所说,没有决定也是一个决定——而且几乎可以肯定地说,并不是一个好决定。

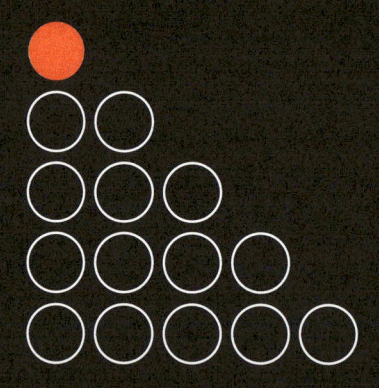

> 你是多数人的管家，不是少数人的管家。

领导者从来不说"别投偏"

在体育运动中,从篮球到高尔夫,从曲棍球到足球,一个普遍认同的公理是:要想命中,必须先在头脑中"看见"命中。这正是场景想象法的精髓:专业运动员运用这种方法先在头脑中预演他们期望中的理想表现,然后再让其真实发生。

以前我曾经指导过我女儿艾米丽所在的篮球队,我从来没有冲队员们大喊:"别投偏!"——我想任何一位但凡对场景想象法有所了解的教练都不会这么做。事实上,当艾米丽或她的任何队友站在罚球线上时,我都会带着她们想象一下成功投中后会出现什么样的场景。

作为领导者,应该像篮球教练鼓励站在罚球线上的队员那样,鼓励自己的员工。在投篮之前,教练会帮助队员在看见篮球进网的瞬间同时也听到"嗖"的那一声响。在头脑中清晰地看见成功的场景后,人们将其变为现实的几率就会大得多。

"看见"得越多,实现得越多。

把潜能与机会作为"遗产"传承

在光辉国际,我一直用这样一句话描述我们的目标:我们使人们和组织获得超越潜能的能力——突破他们的想象,取得更大的成功。这也是我最喜欢的一句话。

不止一次有人问过我:"这怎么可能?人怎么可能超越潜能?"我的回答始终是:"如果你不把潜能看作是有限的,这就完全有可能。"事实上,只要有充足的机会,潜能就是无限的。而且必须要强调的是,拥有大量机会是人们超越自己潜能的前提。作为领导者,你的工作就是创造并提供这些机会。

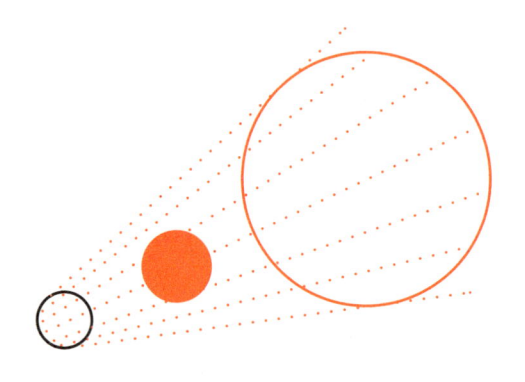

从理论上讲，在加速通过危机曲线时，很可能会产生大量机会。同样很有可能的是，它们会带来改变——产品上的、流程上的，或者两方面都有。所以不要对新常态下的现状奢求太多。尽管会有令人担忧、气馁的方面，但还是值得期待和欢迎的。正如在"预见"一章中所讨论的，这是一种不断针对假设发问的心态——"我的哪些做法会导致企业'破产'？"

逐渐地，为了帮助员工以及整个组织超越潜能，在此过程中，越来越多的机会被创造出来，你夯实了现在，同时也为提升未来做好了准备。这就是领导者要建立"遗产"、有所传承的意义所在——你留下的并不是挂在墙上的你的照片，而是公司大厅里能够体现出你的品质的种种印记——而且不仅仅是留在大厅里，你更希望能留在一些人的记忆里。

> 为员工提供丰富的机会,
> 助力他们超越自己的潜能。

调整风帆

再说最后一点。在什么样的时代做领导者,显然不由我们自主选择。假如有这个权力,我们当然会毫不犹豫地选择一帆风顺的时代。

领导他人的过程,就如同在生活中一样,我们注定会有逆风而行的时刻。有时甚至还会遭遇台风!谁也无法改变风向或者天气。

但我们总能及时调整风帆。

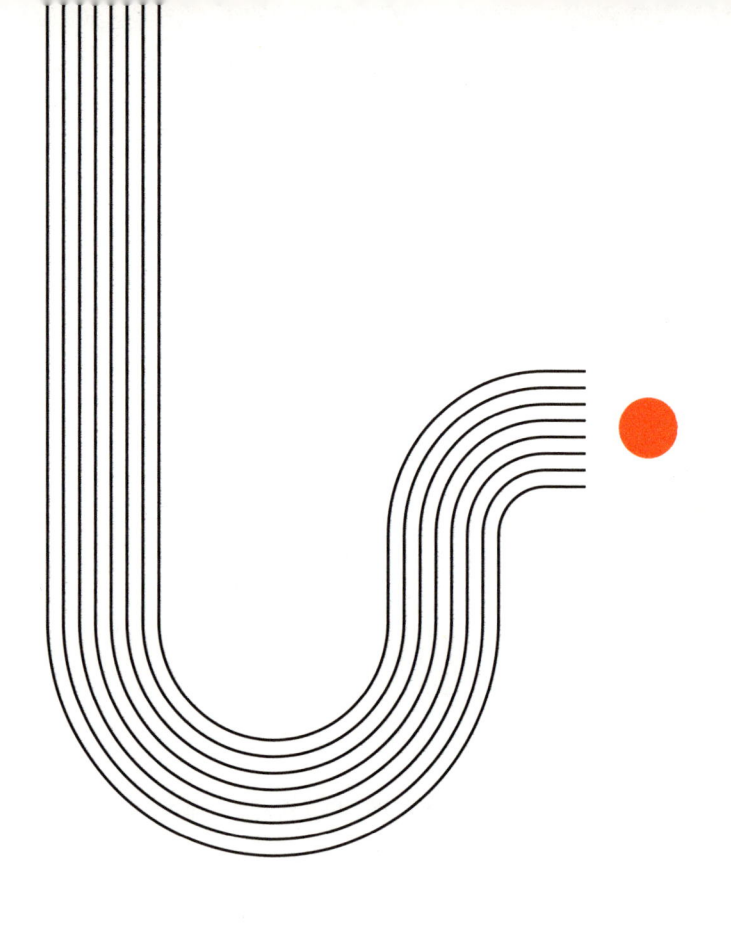